Rund um Hamburg

Rund um Hamburg

Die schönsten Ausflugsziele

Ellert & Richter Reiseführer

metropol**region** hamburg

Inhalt

Niedersachsen

Südlich und südöstlich von Hamburg

Mecklenburg-Vorpommern

Östlich von Hamburg

Vorwort

Die Metropolregion Hamburg gehört zu den schönsten Regionen Deutschlands und Europas. Man mag über diese Äußerung zunächst skeptisch sein, aber wer sich diesen Reiseführer kauft, hat vor, die Metropolregion Hamburg zu entdecken und kann sich selbst ein Urteil erlauben. Auf geht's.

Sie erleben hier urbanes Großstadtflair und sanfte Hügel, mächtige Kreuzfahrer und idyllische Seenlandschaften, Küste und Meer, Herrenhäuser und Schlösser – kaum eine andere Region Deutschlands bietet so viel Lebensqualität. Wassersportfans finden auf der Elbe, der Nord- und Ostsee, den einheimischen Binnengewässern sowie auf den kleinen Flüssen paradiesische Zustände. Gut ausgebaute Radstrecken, idyllische Wander- und Reitwege, etliche Golfplätze, exklusive Hotels und romantische Ferienhäuser – die Liste der Highlights ist fast endlos: Jedenfalls ist dieser Reiseführer ein toller Anfang, diese Landschaften zu entdecken.

Hier leben und arbeiten fünf Millionen Menschen. Wir organisieren die Zusammenarbeit der vier Bundesländer Mecklenburg-Vorpommern, Niedersachsen, Schleswig-Holstein und die Freie und Hansestadt Hamburg, von Wirtschaftsentwicklung und Infrastruktur bis zu Umweltschutz und Tourismus. Wir fördern Projekte, die den Menschen eine lebens- und liebenswerte Region nahebringen sollen. Ein Schwerpunkt der Arbeit ist es, dieses Gebiet als Ausflugsziel zu stärken. Wir freuen uns deshalb besonders, dass es nun einen Reiseführer gibt, der die Region als Ganzes zeigt.

Danken möchten wir vor allem den einzelnen Tourismusverbänden, die uns ihre erarbeiteten Unterlagen zur Verfügung stellten. Ohne ihre Mithilfe wären diese Erholungsangebote so nicht umsetzbar.

Alle Reiseziele sind hervorragend erreichbar. Egal ob Sie auf dem Regional- und Nahverkehrsnetz unterwegs sind, mit dem Auto oder dem Fahrrad fahren möchten. Hier liegt das Gute immer ganz nah.

Gehen Sie auf Entdeckungstour durch die Metropolregion Hamburg!

Viel Spaß dabei!
Ihr

Jakob Richter
Leiter der Geschäftsstelle
der Metropolregion Hamburg

Wanderungen

Radtouren

Kanufahrten

Besonders für Kinder geeignet

Husum
Eckernförde
N
Tönning
Büdelsdorf
Rendsburg
7
Wesselburen
Heide
42
Büsum
Nortorf
Meldorf
23
38
Friedrichskoog
Burg
Marne
Kellinghusen
32
Wilster
Itzehoe
30
Bad Bramstedt
Brunsbüttel
Elbe
Freiburg/Elbe
Otterndorf
Glückstadt
23
Barmstedt
34
28
Elmshorn
26
Quickbor
Tornesch
Uetersen
Hemmoor
24
Pinneberg
18
Haseldorf
Stade
Wedel
12
Horneburg
Bremervörde
Buxtehude
Harsefeld
Gnarrenburg
1

Schleswig-Holstein
Westlich von Hamburg

Regionalpark Wedeler Au
Natur und Kultur zwischen Stadt und Land

Im Westen der Metropolregion haben sich fünf Gemeinden Schleswig-Holsteins – Wedel, Holm, Appen, Pinneberg und Schenefeld – sowie der Bezirk Hamburg-Altona zum ländergreifenden Regionalpark Wedeler Au zusammengeschlossen. Der Regionalpark ist eine freiwillige Kooperation. Gemeinsame Projekte sollen zwischen Natur, Naherholung und Wirtschaft vermitteln und sie nachhaltig fördern.

Das Wahrzeichen der Stadt Wedel – der um 1450 als Zeichen des hoheitlichen Schutzes der Marktgerechtigkeit errichtete Roland.

Wo im Hamburger Westen die Geest auf die Marsch trifft, locken viele Ausflugsziele. Der Regionalpark Wedeler Au umfasst mit 5100 Hektar Teile der Landschaftsachse von der Elbe über Sülldorf und den Klövensteen bis zu den Holmer Sandbergen. Verbindendes Gewässer und Namensgeber ist die **Wedeler Au**, die den Regionalpark von Osten nach Westen durchfließt und bei Wedel in die Elbe mündet. Binnendünen und Moore, die die Geestlandschaft einst prägten, aber auch Bachläufe und Auwiesen werden heute in fünf Natur- und FFH-Schutzgebieten (Flora-Fauna-Habitat Richtlinie) gesichert und erhalten. Sie sind eingebettet in eine Kulturlandschaft aus Wiesen und Weiden, Forsten und Baumschulen. Auch historische Elbparks, die Schiffsbegrüßungsanlage **Willkomm Höft**, der **Hamburger Yachthafen**, Norddeutschlands größter Yachthafen, und die Wedeler Altstadt mit der über 500 Jahre alten **Roland-Statue** und dem **Ernst Barlach Museum** gehören zum Regionalpark. Landschaftliche Vielfalt und stadtnahe Lage machen ihn zu einem beliebten Naherholungsziel für Spaziergänger, Radfahrer und Reiter.

Links: Blick vom Otto-Schokoll-Höhenweg auf die Elbe und den Leuchtturm Wittenbergen.

Am hohen Elbufer

Genießen Sie am Wedeler Elbufer weite Ausblicke über den Strom. Östlich des Schulauer Fährhauses führt eine Treppe zum **Elbhöhenwanderweg** hinauf, der am Kraftwerk endet. Hier bietet es sich an, den gleichen Weg zurückzugehen. Vom Parkplatz östlich des Kraftwerks ist ein Rundweg zu empfehlen: Der nur für Fußgänger zugelassene **Otto-Schokoll-Höhenweg** führt bis zum Leuchtturm **Wittenbergen**. Von dort hat man einen der schönsten Ausblicke über die Elbe. Abgerutschter Boden am Steilufer erinnert daran, wie vor 100 Jahren fast der gesamte Elbhang zwischen Schulau und Wittenbergen aussah: ein Kliff aus weißem Sand – die „Witten Berge“. Der Rückweg führt durch das Naturschutzgebiet Wittenbergen mit Heide und knorrig gewachsenen Kratteichen, die durch Rückschneiden für die Brennholzgewinnung entstanden. Auf dem Leuchtturmweg gelangt man wieder zum Parkplatz.

Teil des Naturschutzgebietes Wittenbergen sind die auf dem Geeströcken liegenden weitläufigen Heideflächen mit ihren Kratteichen.

Ausflugsziele im Regionalpark

Am Rand des Kövensteens am Sandmoorweg liegt das **Wildgehege Klövensteen**. Hier sind Rot- und Damwild, Wildschweine und Muffelwild gut zu beobachten. Das angrenzende Waldgebiet bietet neben zahlreichen Wegen und Spielplätzen beim Ponyhof an der Pony-Waldschänke **Ponyreiten für Kinder**. Jugendliche und Kinder, die lieber auf Rädern unterwegs sind, finden in der **Skateanlage Waldpark Marienhöhe** und auf dem **Freizeitgelände An der Raa** das richtige Angebot mit Rampen und Halfpipe. Einen guten Ausblick auf Wasservögel erhalten Besucher in Appen von der neu eingerichteten **Beobachtungsstation Appener See**. Beschauliche Ausblicke aufs Wasser erhält man vom neuen Ponton an der **Schiffbegrüßungsanlage Willkomm Höft** in Wedel. Hier kann man vor Regen und Wind geschützt die großen Schiffe vorbeiziehen sehen. Das nahe gelegene **Strandbad** mit Spielplatz und Beachclub vermittelt Südseefeeling an der Elbe. Für Kulturinteressierte bietet sich ein Besuch des **Ernst Barlach Museums Wedel** an. Das Geburtshaus des Bildhauers und Schriftstellers Ernst Barlach (1870–1938) wurde 1987 für den Ausstellungsbetrieb geöffnet und verfügt über eine repräsentative Sammlung an Skulpturen, Zeichnungen, Holzschnitten, Lithografien, Briefen und Manuskripten des Künstlers.

Wildgehege Klövensteen
Sandmoorweg 148,
22559 Hamburg,
durchgehend geöffnet

Ponyreiten im Klövensteen
Pony-Waldschänke,
Babenwischenweg 28,
22559 Hamburg,
Tel. 040 811454,
geöffnet Di–Fr 14–17,
Sa/So 10–17 Uhr

Skateanlage Waldpark Marienhöhe
Sülldorfer Landstraße 312,
22589 Hamburg

Freizeitgelände An der Raa
An der Raa 13,
25421 Pinneberg,
durchgehend geöffnet

Beobachtungsstation Appener See im Naturerlebnisraum Gut Schäferhof
Schäferhofweg 34,
25482 Appen,
durchgehend geöffnet

Schiffsbegrüßungsanlage Willkomm Höft
Parnaßstraße 29,
22880 Wedel,
durchgehend in Betrieb

Strandbad
Hakendamm 2,
22880 Wedel, durchgehend geöffneter Strand mit Spielplatz und „28 Grad Beachclub“ (www.elbeach.de)

Ernst Barlach Museum Wedel
Mühlenstraße 1,
22880 Wedel,
Tel. 04103 918291,
geöffnet Di–So 11–19 Uhr

Wedeler Au

Routenlänge
23 km

Startpunkt
S-Bahnhof Sülldorf

Streckenverlauf
Alt Sülldorf – Wedeler Au – Klövensteen – Buttermoor – Wildgehege Klövensteen – Schnaakenmoor – Pony-Waldschänke – Wedeler Au – Sülldorf/Rissener Feldmark – Alt Sülldorf

Ausschilderung/GPS
Ausgeschildert mit einem roten Eichenblatt. GPX-track steht als Download auf der Website des Regionalparks zur Verfügung.

Weitere Infos
Regionalpark Wedeler Au e.V., Rathausplatz 3–5, 22880 Wedel, Tel. 04103 707391, www.regionalpark-wedeler-au.de

Erkunden Sie den **Regionalpark Wedeler Au** auf einer Halbtagestour: Eidechse (Dünenroute), Eichenblatt (Waldroute) und Segelboot (Elbroute) leiten Sie abseits großer Straßen auf gut 20 km langen Rundtouren zu den schönsten Ecken. Waldspielplätze machen die Touren besonders für Familien attraktiv. Alle drei Touren sind auf der Website sowie auf der Radroutenkarte des Regionalparks dargestellt und beschrieben.

Ein guter Startpunkt für die **Waldroute** ist Sülldorf, dessen S-Bahnhof bereits ländliches Flair ausstrahlt. Durch das letzte Geestdorf Hamburgs mit seinen teils denkmalgeschützten Höfen erreicht man die mit einem Eichenblatt markierte Route. Der Weg führt zunächst durch die Feldmark mit weiten Blicken über die Wiesen der Wedeler Au, auf denen im Frühjahr Kiebitze brüten. Auf den Feldwegen zogen die Dorfbewohner einst zum Torfstechen in die umliegenden Moore. Die Route verläuft weiter durch den **Klövensteen**, eines der größten Waldgebiete Hamburgs. Eindrucksvoll sind alte Knickwälle und die Sternmiere, die im Mai ihre weißen Blüten entfaltet. Auf dem Moordamm durchquert die Waldroute das ehemalige Hogenmoor, wo heute Galloway-Rinder weiden. Vom Butterbargsmoorweg am **Buttermoor** bietet sich ein schöner Ausblick auf ein Moorgewässer, das durch Torfabbau entstand. Weiter führt der Weg durch Wiesen und Baumschulgelände. Nördlich des FFH-Gebiets Autal, in das sich immer ein Abstecher lohnt, führt die Route erneut in den Wald und über die Landesgrenze zurück nach Hamburg. Am Sandmoorweg können Sie einen Abstecher ins Wildgehege Klövensteen unternehmen oder die idyllische Stimmung an den Fischteichen genießen.

Das Buttermoor, das sich vor rund 5000 Jahren bildete, vermittelt einen Eindruck der früheren weitläufigen Moorlandschaft.

Weiter geht die Fahrt durch das Natur- und FFH-Schutzgebiet **Schnaakenmoor**, wo Moor und Heide die Wege säumen. Beim bekannten Ausflugslokal Pony-Waldschänke können Kinder auf Ponys eine Runde durch den Wald drehen. Die Radroute führt weiter am Waldrand entlang und durch die Niederung der Wedeler Au nach Rissen. Hier weisen die Schilder den Weg zurück zum Ausgangspunkt nach Sülldorf.

Einkehrmöglichkeiten

Café Hof Holtkamp, Seggerweg 23, 22869 Schenefeld, Tel. 040 8302293

Restaurant Reitstall Klövensteen, Uetersener Weg 100, 22869 Schenefeld, Tel. 040 8306992, www.restaurant-reitstall-kloevensteen.de

Landgaststätte Catharinenhof, Pinneberger Straße 225, 25488 Holm, Tel. 04103 1881981, www.catharinenhof.com

Ristorante La Pineta, Egenbüttelweg 123, 22880 Wedel, Tel. 04103 7018850, www.ristorante-pineta.de

Pony-Waldschänke, Babenwischenweg 28, 22559 Hamburg, Tel. 040 812353, www.pony-waldschaenke.de

Kleine Waldschänke, Sandmoorweg 149, 22559 Hamburg, www.kleine-waldschaenke-hamburg.de

Waldspielplätze

Brambarg, 25421 Pinneberg
Moorwegsiedlung, Heinestraße, 22880 Wedel
Am Schnaakenmoor, Klövensteenweg, 22559 Hamburg
Wildgehege Klövensteen, Sandmoorweg, 22559 Hamburg

Haseldorfer Marsch

Die westlich von Hamburg und unweit von Wedel gelegene Haseldorfer Marsch ist die kleinste der holsteinischen Elbmarschen. Hauptort ist die Gemeinde Haseldorf.

Seit Menschengedenken mussten sich die Bewohner dieser tief gelegenen Elbmarsch immer wieder mit schweren Sturmfluten auseinandersetzen. So zerstörte in der Nacht zum 28. Dezember 1248 die sogenannte Allerkindleinsflut zunächst die Deiche und dann weite Teile des Gebiets. Vielen noch in Erinnerung ist die Hamburger Sturmflut von 1962, während der auch die Haseldorfer Marsch meterhoch unter Wasser stand. Auch am 3. Januar 1976 brachen Deiche bei Hetlingen. Wie durch ein Wunder kam damals kein Mensch ums Leben.

Die Kirche St. Gabriel in Haseldorf liegt am Eingang zum Park des Haseldorfer Gutshauses. Das Epitaph von 1599 befindet sich an der Ostseite.

Heute sind die Marsch und ihre Dörfer durch neu errichtete höhere Elbdeiche geschützt.

Natürlich sollten Sie die auf den Seiten 24 und 25 beschriebene „Seeadler"-Radtour unbedingt nachfahren. Dabei sollten Sie aber auch Abstecher zu den kleinen Dörfern Hetlingen und Haselau (mit der Dreikönigskirche aus dem 14. Jahrhundert) nicht versäumen.

Rund um das Herrenhaus

Für die Nichtradfahrer empfehlen wir einen etwa 2,5 Kilometer langen **Rundgang** durch den Haseldorfer Schlosspark mit seinem Herrenhaus, der mehr als sehenswerten Kirche direkt daneben, den Besuch der größten Graureiherkolonie Schleswig-Holsteins sowie das Kennenlernen der „Bandreißerkultur".

Ausgangspunkt ist das **Elbmarschenhaus**. Von dort gehen Sie links die Hauptstraße entlang und biegen nach knapp 50 Metern rechts in die zum Herrenhaus führende Allee ein. Für das **Herren-**

haus beauftragte Hans Heinrich von Schilden, Besitzer der Güter Haseldorf und Haselau, um 1800 den berühmten dänischen Baumeister Christian Friedrich Hansen, der auch in Hamburg-Altona sowie rechts und links der Elbchaussee für einige repräsentative Bauten verantwortlich zeichnet. 1804 wurde der eingeschossige Backsteinbau im Stil des dänischen Klassizismus fertiggestellt. Die Freitreppe und die Dachgauben stammen aus dem späten 19. Jahrhundert.

Die Haseldorfer Marsch – das Land der weiten Horizonte, der von unzähligen Gräben durchzogenen saftigen grünen Wiesen und der reetgedeckten Bauernhäuser hinter dem Elbdeich.

Vor dem Schloss biegt ein Weg rechts ab zu der zwischen 1200 und 1250 errichteten, einschiffigen Haseldorfer **Kirche St. Gabriel**, dem bedeutendsten spätromanischen Backsteinbau der Elbmarschen. In einem Epitaph aus dem 16. Jahrhundert am Ostgiebel, über dem sechs Wappenfelder bedeutender Adelsgeschlechter zu sehen sind, werden besondere Ereignisse der damaligen

Das klassizistische Herrenhaus Haseldorf wurde 1804 fertiggestellt. Es ist bewohnt und kann leider nicht besichtigt werden.

Zeit geschildert, u. a. die schaurige Geschichte einer Bluttat. Sehenswert sind auch das Innere sowie die alten Grabsteine in der Nähe der Kirche. Noch eine Besonderheit ist die entlang der Kirche zum Marktplatz führende Sommer-Linden-Allee, die 1990 als Naturdenkmal unter Schutz gestellt wurde.

Um die Kirche herum gelangen Sie wieder an den Wassergraben, an dem entlang ein Weg im Halbrund durch den idyllischen Haseldorfer **Schlosspark** führt. Der Park birgt herrliche alte Bäume, romantische Brücken und mit Seerosen bewachsene Gewässer. Fast alle heimischen Spechtarten finden hier optimale Lebensbedingungen, und auch die flinken, bläulich schimmernden Kleiber können Sie häufig an Baumrinden entlang huschen sehen. Zahlreiche alte Eiben mit stattlichem Umfang lassen sich hier bewundern. Im Frühjahr blüht die amerikanische rosafarbene Him-

Im Haseldorfer Schlosspark wurden seit 1780 seltene Bäume gepflanzt. Ein Spaziergang durch den verwunschenen wildromantischen Park lohnt sich zu allen Jahreszeiten.

beere, und im Herbst fallen die Tulpenbäume mit ihrer leuchtend gelben Herbstfärbung ins Auge.
Linkerhand überqueren Sie eine kleine weiße Brücke, von dort führt der Weg zum Deich. Es geht weiter nach rechts auf dem Deich. Hinter dem Deichdurchgang rechts. Vom Deich aus sieht man auf einen alten Eichenbestand. In diesen hohen Bäumen besteht eine **Graureiherkolonie** mit über 120 Brutpaaren. Sie ist die größte in ganz Schleswig-Holstein. Mit einer Flügelspannweite von 1,70 Meter und einer Länge von etwa 90 Zentimeter ist der Graureiher fast so groß wie ein Storch. Er ernährt sich hauptsächlich von Mäusen, Fröschen und Fischen. Bei der Jagd steht er oft unbeweglich mit eingezogenem Hals in seichten Gewässern, schlägt blitzschnell zu, sobald er seine Beute erblickt, und würgt sie dann komplett hinunter. Graureiher gehören zu den am weitesten verbreiteten Reihern in Mitteleuropa. Sie brüten von März bis April, meist, wie hier auch, auf hohen Bäumen in Kolonien.
Der Weg führt nun bis zum kleinen Marktplatz an der Kirche immer auf dem alten **Deich** entlang. Bis zum Bau des nach den Sturmfluten von 1962 und 1976 errichteten Außendeichs, der den südlichen

Einkehrmöglichkeit
Haseldorfer Hof,
Hauptstraße 32,
25489 Haseldorf,
Tel. 04129 955299,
www.haseldorferhof.de

Informationen
Integrierte Station Unterelbe im Elbmarschenhaus,
Hauptstraße 26,
25489 Haseldorf,
Tel. 04129 955490,
www.elbmarschenhaus.de,
geöffnet tägl. 10–16 Uhr

Bandreißerkate
Achtern Dörp 3, 25489 Haseldorf, Tel. 04129 1033 oder 04122 81178

Teil der Haseldorfer Binnenelbe von der Tide abschnitt, diente dieser alte Deich dem Schutz vor Überflutungen.

Außendeichs ist die Landschaft, wie überall in der Marsch, von unzähligen Gräben durchzogen. Ursprünglich floss das Wasser der Marschen in mäandernden Wasserläufen, den Fleeten, worauf die auf -fleth endenden Ortsnamen (Scholenfleth) hinweisen. Die **Marschgräben** bilden einen Lebensraum für viele bedrohte Tier- und Pflanzenarten. An den höher gelegenen Ufern gedeiht, begünstigt durch die Feuchtigkeit, eine üppige Vegetation.

Ein wenig weiter zieht sich eine Weidenpflanzung am Weg entlang, eine sogenannte **Bandholzkultur**, wie sie in der Haseldorfer Marsch früher für einen speziellen Zweck angepflanzt worden war und die hier zusätzlich als Deichschutz diente. Im Winter schnitt man die etwa drei bis vier Jahre alten Weidenruten kurz über dem Boden, befreite sie von Seitentrieben, bündelte sie und weichte sie in den Gräben oder Prielen ein. Im Frühjahr wurden die Ruten dann entrindet (gebastet), aufgespalten und anschließend in einer Biegemaschine rund gebogen. Die nun entstandenen Bänder dienten als Reifen für die verschiedensten Fässer. Noch um 1900 war die Holztonne, für die die Fassreifen benötigt wurden, eine gängige Verpackungsform für den Transport von Butter, Bier, Getreide, Fisch, Salz oder auch Büchern. Für die Butterfässer wurden weiße, geschälte Weidenruten verwendet. Bis ins 17. Jahrhundert fertigten die Böttcher ihre Fassreifen selbst, danach spezialisierten sich einige von ihnen völlig auf die sogenannte Bandreißerei. Der Name bezieht sich auf das Spalten – also Auseinanderreißen – der Weidenruten, um daraus die Bänder herzustellen. Dieses Handwerk wurde in der Marsch von 1796 bis etwa 1960 ausgeübt, so

auch hier in Haseldorf. Um 1900 gab es in der Haseldorfer und der Seestermüher Marsch noch 130 Meister und 400 Gesellen. Der Niedergang begann, als man Butter nicht mehr in Fässern, sondern in Pappkartons transportierte. Heute ist das Handwerk ausgestorben, nur einige wenige Bandreißer beherrschen es noch. In Scholenfleth, Achtern Dörp 3a, steht eine historische Bandreißerkate, in der man sich Werkstatt und Wohnräume der damaligen Bandreißer ansehen kann.

Das Bandreißen ist ein traditionelles Handwerk, bei dem aus Weidengehölz Reifen für die Ummantelung von Fässern hergestellt werden. In der Bandreißerkate von 1764 in Haseldorf stellen Ihnen die letzten Bandreißer ihren Beruf vor.

Seeadlertour

Routenlänge
33 km

Startpunkt
Wedel, Willkomm Höft

Streckenverlauf
Willkomm Höft in Wedel – Carl Zeiss Vogelstation – Haseldorfer Schloss – Pinnausperrwerk – Historische Drehbrücke Neuendeich – Dreikönigskirche Haselau – Holmer Sandberge – Wedel

Ausschilderung/GPS
Ausgeschildert mit dem „Seeadler“. GPX-Track steht zum Download zur Verfügung auf www.bikemap.net/route/ 803563

Weitere Infos
Elbmarschenhaus, Hauptstraße 26, 25489 Haseldorf, Tel. 04129 955490, www. elbmarschenhaus.de

Durch Marsch und Geest

Natur und Kultur entdecken in der **Haseldorfer Marsch** direkt vor den Toren der Hansestadt Hamburg – träumen Sie den dicken Pötten am **Willkomm Höft** in Wedel sehnsuchtsvoll hinterher, folgen Sie dem Elbdeich und erobern das Naturschutzgebiet **Haseldorfer Binnenelbe** mit seinen weiten Sandstränden, lernen Sie in der **Carl Zeiss Vogelstation** und im **Elbmarschenhaus** die Tier- und Pflanzenwelt kennen ... ein unvergesslicher Tag ist garantiert.

Die „Seeadler-Tour“ beginnt in **Wedel**. Zunächst empfiehlt es sich, zur nahe gelegenen Schiffsbegrüßungsanlage „Willkomm Höft“ am Elbufer zu radeln. Zur Einstimmung auf die Radtour durch die Marsch und über die Geest bietet es sich an, ein Weilchen am Elbufer zu stehen und die ein- und auslaufenden Schiffe zu begrüßen und zu verabschieden. Von Wedel führt die Route am Elbdeich entlang mit Blick auf den breiten Strom. An der Carl Zeiss Vogelstation lassen sich zu jeder Jahreszeit von den Beobachtungsständen aus und am Fährmannssander Watt interessante Wat- und Wasservögel beobachten. Im weiteren Tourenverlauf wird der Radler durch das Naturschutzgebiet Haseldorfer Binnenelbe geleitet, welches mit seinen großen Wasserflächen und der großen Artenvielfalt beeindruckt. Aussichtstürme und die Deichkrone gewähren stets einen weiten Blick über die Landschaft und Elbe.

Ein Abstecher ins Elbmarschenhaus in Haseldorf lohnt sich (ausgeschildert ab Haseldorf Hafen). Besucher können sich dort in der multimedialen Ausstellung über den Natur- und Kulturraum der Unterelbe informieren; das Freigelände mit vielen Spielmöglichkeiten ist ein Paradies zum Toben und

Immer am Elbdeich entlang – mit Blick auf den breiten Strom.

Faulenzen. Gleich gegenüber wartet der idyllische Schlosspark und die älteste Kirche der Marsch, St. Gabriel, auf Besucher (siehe ab Seite 18). Wieder auf der Seeadlerroute führt die Tour vorbei an Obstplantagen und an der **Pinnau** entlang zur historischen **Drehbrücke in Neuendeich**. In **Haselau** kann man die Dreikönigskirche besuchen oder einen Blick auf die Haselauer Hengststation werfen, die älteste noch in Betrieb befindliche Hengststation Schleswig-Holsteins. Ab **Heist** geht es an der Geestkante entlang bis zum Landschaftsschutzgebiet **Holmer Sandberge**, welches die größten Binnendünen Schleswig-Holsteins beheimatet. Durch wunderschönes, offenes Waldgebiet geht es zurück zum Ausgangspunkt in Wedel.

Familienfreundliche Einkehrmöglichkeiten

Obstparadies Café und Hofladen
Winterros 1, 22880 Wedel, Tel. 04103 88805

Sailor's Inn
Strandbaddamm 18, 22880 Wedel, Tel. 04103 803700

Haseldorfer Hof
Hauptstraße 32, 25489 Haseldorf, Tel. 04129 955299

Deichhof Café
Hauptstraße 39, 25489 Haseldorf, Tel. 04129 955550

Marschcafé
Hohenhorster Chaussee 22, 25489 Hohenhorst, Tel. 04129 757

Café Hof Mühlenwurth
Hohenhorster Chaussee 58, 25489 Hohenhorst, Tel. 04129 745

Café Grote
Deichstraße 3, 25489 Haselau, Tel. 04129 290

Haselauer Landhaus
Dorfstraße 10, 25489 Haselau, Tel. 04122 98710

Restaurant Aal-Kate
Kuhlworth 21, 25436 Neuendeich, Tel. 04122 2264

Norddeutsche Gartenschau in Ellerhoop

Wo die Bäume zur Schule gehen

Förderkreis Arboretum
Baumpark Ellerhoop-Thiensen e.V.,
25373 Ellerhoop,
Thiensen 4, Tel. 04120 218,
www.norddeutsche-gartenschau.de
Öffnungszeiten: Sommer 10–19 Uhr, Herbst/Winter 10 Uhr bis Eintritt der Dunkelheit, 1. Dez. –15. Jan. geschlossen

Gastronomie
Café in der Diele des Münsterhofs; Kiosk im Münsterhof auf dem Vorplatz, wettergeschützt im behindertengerechten Zeltcafé

Der Kreis Pinneberg zählt zu den größten zusammenhängenden Baumschulgebieten der Welt. Kein Wunder also, dass das **„Arboretum"** des Kreises aus einer Baumschule hervorgegangen ist. Die etwa 17 Hektar große, reizvoll gestaltete Anlage (von lateinisch arbor = Baum) rund um den historischen Münsterhof in Ellerhoop lockt mit über 4000 verschiedenen Baumarten und Pflanzensorten zur Norddeutschen Gartenschau. Das Gartenjahr beginnt mit blühenden Kamelien im Januar/Februar und endet im Herbst mit den glühenden Farben der Rot-Ahorne und Sumpfzypressen. Highlights sind auch die Dichternarzissenwiese, die ab Mitte April ein riesiges duftendes Blütenmeer ausbreitet, und der Bauerngarten mit seiner heiteren Mischung aus Nutz- und Zierpflanzen. Der Heidegarten, die Hortensiensammlung, Deutschlands größtes Strauch-Pfingstrosensortiment und die zauberhaften Farbgärten setzen besondere Akzente. Überwältigend ist auch die exotische Lotosblumenblüte im spätsommerlichen Teich. Kinder begeistert ein Erlebnispfad mit Sauriern und Baumversteinerungen der Urzeit.

Der Bauerngarten vor dem historischen Münsterhof ist Teil der gärtnerisch gestalteten, 17 Hektar großen Parkanlage, die eingebettet ist in die typisch holsteinische Knicklandschaft.

Schlossinsel und Seepark in Barmstedt

Die Barmstedter Schlossinsel im Rantzauer See. Das Gebäudeensemble mit vier Bauwerken geht auf eine mittelalterliche Befestigungsanlage zurück. Das ehemalige Schlossgefängnis beherbergt heute ein Café.

Gastronomie
Galerie Café Schlossgefängnis
Rantzau 9, 25355 Barmstedt, Tel. 04123 6139,
www.schlossgefaengnis.de

Weitere Informationen
www.gartenrouten-sh.de
www.barmstedt.de

Die Kleinstadt **Barmstedt** ist mit ihrem Naherholungsgebiet rund um den Rantzauer See ein weiteres grünes Ausflugsziel im Norden des Kreises Pinneberg. Herzstück ist die von Burggraben, Krückau und dem See umgebene **Schlossinsel**. Hier befand sich um 1140 die Burg der Ritter von Barmstede und später der Grafen- und Amtsverwaltersitz Rantzau. Die Zeit scheint auf der idyllischen Insel stillzustehen, auch wenn die Turmuhr des ehemaligen Schlossgefängnisses schlägt, in dem heute ein Café zu leckerem Kuchen und zum „Knastessen“ in den originalgetreu hergerichteten Zellen einlädt. Die Schlossinsel wurde Trauungen gewidmet, das Amt Rantzau bietet im Schlossgefängnis ein Trauzimmer, wo sich Brautpaare unter anderem das lebenslange „Ja“ versprechen können. Die Geschichte der Stadt erzählt das Museum im alten Amtsgerichtsgebäude, Kunst und Kultur haben in Form von Galerien und einer Kera-

mikwerkstatt Einzug in die denkmalgeschützten Backsteinbauten gehalten. In der liebevoll restaurierten Wassermühle findet man alles rund ums Töpfern. Der in den 1930er-Jahren aufgestaute Rantzauer See und der angrenzende prächtige Rhododendronpark (von Barmstedter Baumschulen angelegt, wie sollte es anders sein) bieten mit Strand- und Hallenbad, **Bootsverleih, Minigolf und Kinderspielplatz** viele Freizeitmöglichkeiten. Hier beginnt auch der circa 10 Kilometer lange Krückau-Wanderweg zwischen Barmstedt und Elmshorn. Einen Abstecher lohnt die Barmstedter Innenstadt rund um die barocke Heiligen-Geist-Kirche von 1717. Ihr Turm, wegen seiner Form „Schusterahle" genannt, ist das weithin sichtbare Wahrzeichen der Stadt.

Besonders schön ist es rund um den Rantzauer See, wenn im angrenzenden Park die Rhododendren blühen.

Tipp

Rantzauer Wassermühle
Rantzau 14, 25355 Barmstedt, Tel. 04123 2983,
www.rantzauer-wassermuehle.de

Weitere Informationen

www.gartenrouten-sh.de
www.barmstedt.de

Bad Bramstedt

Durch das Holsteiner Auenland

Routenlänge
Fahrrad-Kilometer ca. 7,4; Kanu-Kilometer ca. 9

Startpunkt Rad
Kneipp-Anlage unterhalb des Hotels Köhlerhof, Bad Bramstedt

Startpunkt Kanu
Wiese hinter dem Schloss (Torhaus) Bad Bramstedt (Bleeck), Kanu-Einstiegsstelle „Schloss" an der Hudaubrücke/Glückstädter Straße

Streckenverlauf/ Sehenswertes
Bad Bramstedt – Kneipp-Anlage mit Garten der Sinne (Wassertreten, Armbad etc.) – Storchendorf Hitzhusen – Wrist

Ausschilderung/GPS
Die Routenbeschreibung wird mitgegeben. Die Radroute ist aber auch ausgeschildert: Route 5 Bad Bramstedt „Kleine Kurgebietstour". Der GPX-Track steht auch online zur Verfügung: www.bikemap.net/route/808937

Paddel- und Pedaltour

Diese Tour bietet Familien mit Kindern eine gelungene Abwechslung mit vielen Naturerlebnissen. Die Tour beginnt und endet in **Bad Bramstedt** und führt durch die Auenlandschaft des **Holsteiner Auenlandes** auf dem Rad und per Kanu, vorbei an Wiesen und beschaulichen Dörfern.

Das 42 Kilometer nördlich von Hamburg gelegene Bad Bramstedt liegt inmitten des reizvollen Holsteiner Auenlandes. Erstmals 1448 beurkundet, war die heute von 28 Brücken durchzogene Stadt eine wichtige Station auf dem **Ochsenweg** zwischen Lübeck und Itzehoe. Zwar schaut der zunächst hölzerne, seit 1533 steinerne **Roland** ein wenig traurig drein. Dabei hätte er allen Grund, optimistischer auszusehen, wurde doch in seinem Zeichen hier ein bedeutender Markt abgehalten, wurden Verträge bekräftigt und Streitigkeiten geschlichtet. Den Mittelpunkt der Stadt bildet die auf einer Anhöhe gelegene, aus dem 14. Jahrhundert stammende **Maria-Magdalenen-Kirche**. Bad Bramstedt ist heute als **Moorheilbad** staatlich anerkannt. Zahlreiche Kur- und Reha-Kliniken haben sich am Rand des Ortes angesiedelt.

Es geht los mit dem Rad. Die rund 8 Kilometer lange Strecke ist gut befahrbar auf überwiegend wassergebundenen Wegen. Die Tour startet an der Kneipp-Anlage von Bad Bramstedt unterhalb des Hotels Köhlerhof. Vor allem im Sommer bietet das Wassertretbecken eine willkommene Erfrischung. Außerdem lassen sich im Garten der Sinne Düfte von frischen Kräutern einfangen. Von der Kneipp-Anlage geht es weiter in Richtung Kurgebiet zur Oskar-Alexander-Straße. Hinter dem Kurhaus-Theater verläuft die Route weiter über die Fritz-Neumann-Brücke. Nach Überquerung der Alfred-

Hinter dem steinernen Roland ist das aus dem 17. Jahrhundert stammenden Torhaus am Markt zu sehen. Es ist das letzte vorhandene Gebäude des ehemaligen Gutes Bramstedt.

Warnemünde-Brücke geht es wieder zurück in Richtung Zentrum.

Nach einer Stärkung geht es mit dem Boot auf Tour. Gestartet wird auf der Wiese hinter dem Schloss (Torhaus) Bad Bramstedt: Kanu-Einstiegsstelle „Schloss" an der Hudaubrücke / Glückstädter Straße. Die **Bramau-Tour** dauert bis zur Ankunft in Wrist rund 2,5 Stunden. Vorbei geht es an Wiesen und Niederungen. In Hitzhusen können mit etwas Glück Weißstörche beobachtet werden. In Wrist angekommen, können Sie per Taxi zurück nach Bad Bramstedt fahren.

Aktivitäten für Kinder entlang der Strecke
Beobachtung von Störchen möglich

Familienfreundliche Einkehrmöglichkeiten
In der Stadt Bad Bramstedt sind diverse Restaurants und Cafés vorhanden. Eine Übersicht finden Sie unter www.bad-bramstedt.de/Tourismus/Freizeit-Ausflugstipps/Gastronomie

Fahrrad- und Kanu-Verleih und -Service
Fahrradhaus Zeyen
Bleeck 20, 24576 Bad Bramstedt, Tel. 04192 8893034, info@fahrradhaus-zeyen.de

Rolandkanu
Mühlenstraße 21,
24576 Bad Bramstedt,
Tel. 04192 85347,
www.rolandkanu.de

Der Rücktransfer von Wrist nach Bad Bramstedt ist per Taxi möglich. Der Kanuverleiher übernimmt keinen Personentransfer, sondern holt nur die Boote ab.

Weitere Informationen
www.bad-bramstedt.de

Der östliche Störtörn

Hoch über der Stör: Café Amöenhöhe bei Itzehoe.

Familienfreundliche Einkehrmöglichkeiten
Fährhaus Breitenburg
An der Stör,
25524 Breitenburg,
Tel. 04828 62 00

Café Traumbaum
Brauerstraße 25,
25548 Kellinghusen,
Tel. 04822 36 49 59

Museen
Kreismuseum Prinzeßhof
Kirchenstraße 20,
25524 Itzehoe,
Tel. 04821 64 068,
www.kreismuseum-prinzesshof.de

Wenzel-Hablik-Museum
Reichenstraße 21,
25524 Itzehoe,
Tel. 04821 88 860 20

Weitere Informationen
www.holstein-tourismus.de
www.kellinghusen.de

Von Itzehoe nach Kellinghusen und zurück

Die Stör als größter Nebenfluss der Elbe in Norddeutschland ist ein beliebtes Fahrrad- und Paddelbootrevier. Radeln Sie entlang der ruhig dahinfließenden Stör, genießen Sie auf verschlungenen Pfaden das grüne und abwechslungsreiche Holsteiner Auenland und entdecken Sie das schöne Fayencen- und Keramikstädtchen Kellinghusen.
Dieser Radtourklassiker beginnt in Itzehoe. Parkmöglichkeiten finden Sie an den Malzmüllerwiesen oder am Bahnhof. Von dort führt die etwa 35 Kilometer lange Strecke zunächst östlich an der Stör entlang und dann durch den Wald Richtung Breitenburg auf die andere Seite des Flusses, wo sich im großen Kaffeegarten des nostalgischen Fährhauses Breitenburg eine Rast anbietet. Weiter vorbei am Schloss Breitenburg, das sich in Privatbesitz befindet und deshalb leider nur begrenzt zugänglich ist, fährt man auf der Südseite der Stör nach Wittenbergen. Hier wird der Fluss wieder überquert, und es geht weiter durchs Auenland bis nach Kellinghusen. Die Tour führt am Rande des Ortes entlang, es lohnt sich aber ein Abstecher in das schöne Städtchen, nicht zuletzt für eine Pause im Café Traumbaum. Ein besonderer Tipp: Im August findet in Kellinghusen ein großer Töpfermarkt statt, zu dem dank einer Fachjury die besten Keramiker aus ganz Deutschland anreisen.
Nun fährt man weiter weg von der Stör durch die idyllischen Örtchen Mühlenbarbek und Lohbarbek, zwischen Wiesen und Feldern und durch einige Waldstücke. Über Oelixdorf führt der Weg dann wieder zurück nach Itzehoe. Wer noch ein wenig Zeit hat, ist dort im Kreismuseum Prinzeßhof oder im Wenzel-Hablik-Museum willkommen.

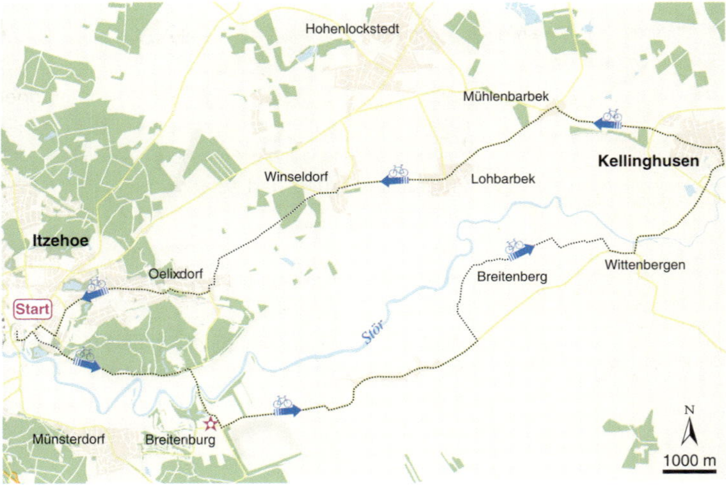

Der Störtörn ist gut ausgeschildert. Von Itzehoe bis Kellinghusen folgen Sie der Kennzeichnung „Störtörn", von Kellinghusen bis Mühlenbarbek weiter auf der „Aukrug-Erlebnis-Tour", ab Mühlenbarbek geht es dann auf den Barbeker Weg, der zur Dorfstraße und zum Lohbarbeker Weg wird. Ab Winseldorf ist die Route mit dem „Wiesen- und Waldtour" Signet ausgewiesen und trifft dann auf die Ausschilderung „Störtörn", der Sie bis Itzehoe folgen können.

Schloss Breitenburg war im 16. und 17. Jahrhundert eines der politischen und kulturellen Zentren Schleswig-Holsteins. Die zweiflüglige Anlage befindet sich in Familienbesitz und ist der Öffentlichkeit nur begrenzt zugänglich.

Matjes und Maritimes in Glückstadt
Königstraum an der Elbe

Informationen
www.glueckstadt-tourismus.de/service

Restaurants
Ratskeller
Am Markt 4,
Tel. 04124 9809065

Restaurant Kandelaber
Am Markt 14, Tel. 04124 932777. Mai bis Sept. tägl. Matjesbuffet, eigene Matjesherstellung

Kulinarium im Wasserturm
Bohnstraße 1, Tel. 04124 608560. Mit Elbblick

Hotel & Restaurant Raumann
Am Markt 5/6, Tel. 04124 91690. Eigene Matjesherstellung

„Dat schall glücken und dat mutt glücken, un dann schall se ok Glückstadt heten." Mit diesen optimistischen Worten ließ der dänische König Christian IV. 1617 den Grundstein für eine neue Festungs- und Hafenstadt an der Elbe legen. Er träumte davon, dass sie dem reichen Hamburg Konkurrenz machen sollte. Um die Stadt mit wohlhabenden und geschäftstüchtigen Bürgern zu bevölkern, warb der König portugiesische Juden und reformierte Holländer an. Glückstadt machte seinem Namen alle Ehre und erlebte bald eine große Wirtschaftsblüte. Im Dreißigjährigen Krieg war es die einzige Festungsstadt Schleswig-Holsteins, die nicht von den kaiserlichen und schwedischen Truppen eingenommen wurde. Heute gilt die 12 000-Einwohnerstadt mit dem malerischen Ambiente als deutschlandweit einzigartiges städtebauliches Denkmal. Ihr Grundriss wurde nach italienischem Renaissance-Vorbild entworfen: Zwölf Straßen verlaufen sternförmig vom zentralen Marktplatz zu Hafen und Wallanlagen. Maritimes Flair vermittelt der Hafen mit seiner beschaulichen Häuserzeile, den neuen Hafentreppen, die zum Verweilen einladen, der „Rigmor" von Glückstadt, dem ältesten noch in Betrieb befindlichen Segelschiff Deutschlands, und dem traumhaften Blick vom Deich auf die Elbe.

Der Glückstädter Marktplatz mit dem Rathaus (links) und der 1618 errichteten Kirche.

Ein kleiner, unscheinbarer Hering hat es geschafft, sich einen Ehrenplatz in der Stadt zu erobern. Ihm zu Ehren gibt es sogar jedes Jahr Mitte Juni ein viertägiges Volksfest, das die bis Ende September andauernden „Glückstädter Matjeswochen" einläutet. „Original Glückstädter Matjes" darf sich der Hering allerdings nur nennen, wenn er gewisse Voraussetzungen erfüllt. Beim Fang darf er nicht älter als fünf Jahre sein – die Garantie, dass auch wirklich zartes Fischfleisch auf dem Teller landet. Dann schreiten die zwei Glückstädter Betriebe zur Tat, die heute noch nach überlieferten Originalrezepten aus dem Hering „Matjes" machen: Der Fisch wird fachmännisch gekehlt und gesalzen. In Fässern reift er bis zur Ausbildung des ganz speziellen Geschmacks, den er nicht durch die Anreicherung mit künstlichen Zusatzstoffen entwickelt, sondern allein durch einen Rest von Innereien, der im Fisch verbleibt. Der Fast-schon-Matjes wird dann von geschickten Händen von Gräten und Haut befreit, und am Ende der langwierigen Prozedur liegen zwei schöne, saubere Matjesfilets vor den Käufern. Die kulinarische Spezialität darf in keinem Glückstädter Restaurant auf der Speisekarte fehlen.

Glückstadt ist überregional vor allem durch die traditionsreiche Matjes-Produktion und die „Glückstädter Matjeswochen" bekannt.

Im Brückenhaus am alten Glückstädter Hafen ist heute ein Café untergebracht. Dahinter der Wiebke-Kruse-Turm, baulicher Überrest des dänischen Königshofs.

Stadtrundgang

Vom **Marktplatz (1)** blickt man in den Fächer der sieben Radialstraßen, drei Pseudoradialstraßen und auf die zwei den Markt tangierenden Straßen. Seit 1624 findet hier jedem Dienstag und Freitag der Glückstädter Buttermarkt (Wochenmarkt) statt. Das **Rathaus (2)** wurde 1642/43 im Stil der niederländischen Spätrenaissance erbaut. Nach Abriss wegen Baufälligkeit erfolgte 1873/74 ein Neubau mit Nachbildung der ursprünglichen Fassade. Die **Stadtkirche (3)** wurde 1618–1623 als erste evangelische Kirche in den Herzogtümern Schleswig und Holstein erbaut. An der linken Turmseite ist der Anker des Admiralitätsschiffs der hamburgischen Kriegsflotte zu sehen, welcher 1630 nach einem siegreichen Gefecht auf der Elbe erbeutet wurde.

Das **Fleth (4)** war früher als Binnenhafen konzipiert. Es verband die Stadt mit den Wasserläufen der Marsch und der Elbe und diente als Handels- und Umschlagplatz, aber auch zur Wasserversorgung der Bevölkerung. Hier finden sich interessante Sehenswürdigkeiten aus der Gründungszeit, darunter die **Stadtbäckerei (5)**, Am Fleth 21, das **Brockdorff-Palais (6)** mit dem stadt-und regionalgeschichtlichen **Detlefsen-Museum**, Am Fleth 43, und die **Königliche Buchdruckerei (7)**, Am Fleth 37.

Beim weiteren Rundgang durch die Stadt passiert man in der Königstraße das **Gießhaus (8)** und anschließend das **Wasmer-Palais (9),** ehemals Sitz des Obergerichts und der Regierungskanzlei, heute Volkshochschule. Der Kaminsaal ist einer der beachtlichsten barocken Innenräume des Landes. Das **Provianthaus (10)** gehört ebenfalls zu den ältesten Gebäuden der Stadt. Heute laden hier Künstlerateliers zu einem Besuch ein.

Die Straße **Am Hafen (11)** - bedeutendste Uferstraße Norddeutschlands - lebt von dem abwechslungsreichen Spiel ihrer Fassaden und dem belebenden grünen Deich. Sehenswerte Gebäude sind unter anderem das **Palais für aktuelle Kunst (12)**, Am Hafen 46, der **Wiebke-Kruse-Turm (13**, nicht öff. zugänglich**)**, Am Hafen 40, den Christian IV. für seine Geliebte bauen ließ, das **Königliche Brückenhaus (14),** Am Hafen 61 und der **Alte Salzspeicher (15)**, Am Hafen 63. Auf der gegenüberliegenden Seite des Binnenhafens, Am Rethövel 9, fällt der Blick auf das **Rantzau-Palais (16)**.

Friedrichskoog

Hafen, Heuler, Hüpfburg

Weitere Informationen
Tourismus-Service Friedrichskoog, Koogstraße 141 (Deichpassage), 25718 Nordseeheilbad Friedrichskoog-Spitze, Tel. 04854 90494-0, www.friedrichskoog.de

Seehundstation Friedrichskoog e.V.
Information – Aufzucht – Forschung, An der Seeschleuse 4, 25718 Friedrichskoog, Tel. 04854 1372, www.seehundstation-friedrichskoog.de
Fütterungszeiten: März–Okt. tägl. 10.30, 14 + 17.30 Uhr, Nov.–Feb. tägl. 10.30 + 14 Uhr

Wal – Indoorspielpark
Am Hafen 10, 25718 Friedrichskoog, Tel. 04854 90 46 60, www.wal-friedrichskoog.de
Für alle Personen ist aus hygienischen Gründen das Tragen von Socken Pflicht! Socken können Sie an der Kasse preiswert erwerben. Kindern bis 18 J. ist der Zutritt ohne Anwesenheit der Erziehungsberechtigten nicht gestattet.

In Friedrichskoog, der grünen Halbinsel im Norden, witzelt man gerne: „Man sieht schon am Montag, wer am Sonntag zu Besuch kommt." Aber es stimmt: Hier finden Sie weites, plattes Land. Da schlagen nicht nur Radfahrerherzen höher.
Eingebettet zwischen Kohl-, Rapsfeldern und der Nordsee, lockt Friedrichskoog mit seiner unvergleichlichen Natur zum Spazierengehen, die gute Luft lädt ein zum Durchatmen und Auftanken. Als Nordseeheilbad bietet Friedrichkoog jede Menge gesundheitsfördernder Maßnahmen für Groß und Klein. Begleitet vom Kreischen der Möwen oder dem Gezwitscher der vielen heimischen Vogelarten, kann man hier wirklich Urlaub vom Alltag machen. Es weht immer eine leichte frische Brise, manchmal auch etwas heftiger, besonders im Herbst und im Frühling, aber das macht den Charme von Friedrichskoog ja aus.
Friedrichskoog besteht aus zwei, durch die Koogstraße verbundenen Ortsteilen, dem malerischen Friedrichskoog und dem direkt am Wasser gelegenen Friedrichskoog-Spitze mit dem – grünen – **Strand**, an dem auch Abschnitte für Hundebesitzer und FKK-Anhänger ausgewiesen sind. In Spitze erleben Naturliebhaber die Nordsee und das Wattenmeer in ihrer Ursprünglichkeit. Hier kann man auf Entdeckungsreise auf dem Nordseegrund gehen. Auch in Spitze liegen die Eltern-Kind-Kurklinik, der Kurpark, ein großer Kinderspielplatz und der Campingplatz. Das Kurmittelhaus befindet sich genau in der Mitte zwischen Friedrichskoog und Spitze.
Nach der Eindeichung des Friedrichkoogs entstand 1854 der Hafen für Fischkutter und Frachtenseg-

Friedrichskoog ist das Zentrum des Krabbenfangs. Noch 24 Boote sind hier registriert.

SD

Wo Sie aus nächster Nähe Seehunde und Kegelrobben live erleben können – in der Seehundstation Friedrichskoog.

ler. Heute sind noch 24 Krabbenkutter in Friedrichskoog registriert. Eingeweihte schwören, dass Krabben am besten schmecken, wenn man sie direkt am Hafen kauft und an Ort und Stelle selbst pult. Stimmt!

Die 1985 gegründete **Seehundstation Friedrichskoog** am Hafen ist die einzige autorisierte Aufnahmestelle für verlassen oder erkrankt aufgefundene Robben in Schleswig-Holstein. Sie setzt neue Maßstäbe in der naturnahen Dauerhaltung und Aufzucht von Seehunden. Gäste erkennen die Seehundstation bereits von Weitem an der Trischenbake, der Seenotrettungsbake der Insel Trischen, die heute als Aussichtsturm hoch über das Informationszentrum und Freigelände der Station reicht. Erwachsene und Kinder können ganzjährig Seehunde in den naturnah angelegten Becken an Land und unter Wasser beobachten, bei Fütterungen zuschauen, interessante Vorträge hören und das Informationszentrum mit vielfältigen Informations-,

In der über 2500 Quadratmeter großen Halle des Wal-Familien-Indoorparks in Friedrichskoog können sich Kinder bei jedem Wetter so richtig austoben.

multimedialen Erlebnis- und Spielangeboten, speziell für Kinder und Jugendliche, besuchen.
125 Meter lang und zwei Etagen hoch ist das „Meerestier“, das am Friedrichkooger Hafen liegt: Der **Wal-Indoorspielpark** lässt Kinderaugen strahlen und begeistert die ganze Familie. Zu den wetterunabhängigen Angeboten gehören die Nemo-Kletterwand, ein Labyrinth mit vielen Rutschen, Brücken und Seilen, die sechsfache Trampolinanlage für Groß und Klein, verschiedene Hüpfburgen, eine Elektro-Kart-Bahn, ein Multifunktionssportfeld und einen Kleinkinder-Spielbereich. Außerdem gibt es am Wal für die Sommermonate auch einen 800 Quadratmeter großen Außenspielplatz. Eltern dürfen mitspielen und -toben, haben aber auch die Möglichkeit, bei einer schönen Tasse Kaffee in Ruhe die Zeitung oder eine Zeitschrift zu lesen. Im Wal Bistro gibt es Pommes, Würstchen, Getränke, natürlich reichlich Süßigkeiten und vieles mehr.

Büsum

Meer erleben in Dithmarschen

Routenlänge
23 km

Startpunkt
Am Bahnhof in Büsum. So können Sie entweder bequem mit der Bahn anreisen oder dort Ihr Auto stehen lassen.

Streckenverlauf
Sandstrand Büsum – Badestelle Stinteck – Badestelle Warwerort – Badestelle Büsumer Deichhausen – Schäferei Rolfs

Ausschilderung /GPS
Der GPX-Track steht auf Bikemap.net zur Verfügung: www.bikemap.net/route/838616

Aktivitäten für Kinder entlang der Strecke
Spielplatz am Sandstrand Büsum

Spielen im Watt an vielen Stellen entlang der Strecke

Spielplatz in Stinteck

Tiere auf dem Hof der Schäferei Rolfs erleben, z.B. Ponyreiten

Familienfreundliche Einkehrmöglichkeiten
Hotel & Restaurant – Café „Wiesengrund“, Stinteck 16, Westerdeichstrich

Schäferei Rolfs, Marschenweg 26, 25761 Büsumer Deichhausen

Rund um Büsum

Erleben Sie die Nordseelandschaft Dithmarschens bei einer **Radtour** rund um Büsum. Sie fahren zunächst vom Bahnhof zum Sandstrand. Hier können Sie mit Ihren Kindern das **UNESCO Weltnaturerbe Wattenmeer** hautnah erleben und einen Spaziergang auf dem Meeresboden machen. Vom **Büsumer Sandstrand** geht es weiter zum Kreuzpunkt Stinteck/Wulfenweg. Von hier aus geht es den Wulfenweg entlang zur Krim, auf dem alten Deich entlang bis zur Koogchaussee und über die Straße Müschendorp und Dorfstraße nach Westerdeichstrich hinein.
Der Weg führt weiter um den Hitzelswehl herum zur Straße Op'n Diek und weiter die Dorfstraße entlang bis zur Einmündung Kükdorp. Über die Straße Kükdörp gelangt man in die Steffensstraße und weiter über die Kreisstraße (Reinsbüttel) nach Österdeichstrich. Von hier aus führt der Weg an der Bundesstraße entlang bis zum Osterhof und von dort auf den Feldweg in Richtung Warwerort sowie zur Straße Zum Kronenberg. Weitergeleitet werden Sie dann zum Weißen Haus am Meer, auf dem alten Seedeich in Richtung neuer Seedeich am Golfplatz vorbei und dem Deichverteidigungsweg am Campingplatz entlang nach Büsumer Deichhausen. Hier können Sie einen Abstecher zur Schäferei Rolfs machen. Genießen Sie einen Kaffee und hausgemachte Torten im angeschlossenen Bauernhofcafé, während Ihre Kinder die Tiere und den Hof erkunden. Danach geht es weiter durch den Ort und in Richtung Büsum, wo Sie wieder Ihren Startpunkt den Bahnhof erreichen.

In dem beeindruckenden Gebäude in Form einer Welle erwartet Sie eine Reise in die Welt der Sturmfluten.

Sollten Sie doch mal schlechtes Wetter erwischen, machen Sie doch einfach in Büsum einen Abstecher zur Sturmflutenwelt „Blanker Hans" und zum Erlebnisbad „Piraten Meer".
In der **Sturmflutenwelt „Blanker Hans"**, einem eindrucksvollen Gebäude in Form einer Welle in unmittelbarer Hafennähe, erwartet Sie eine Mischung aus Schauspiel, Fahrattraktion und interaktiver Ausstellung. Mit einem Schauspieler geht es auf eine Zeitreise in das Jahr 1962, in die Nacht der großen Flut. Im Anschluss verdeutlicht eine Fahrt mit der Sturmflutrettungsbahn die Kraft der Nordsee und die Gefahr eines Deichbruchs. In der Ausstellung über zwei Ebenen erlebt man multimedial die Kräfte der Natur. In der „Offshore-Forschungsstation" und im „Archiv des Wissens" kann man auf unterhaltsame Weise Informationen über Wetter- und Klimaphänomene, Gezeiten sowie über die Geschichte der Sturmfluten sammeln. Die einzigartige Sonderausstellung „Piraten – Segeln unter schwarzer Flagge" entert kleine und große Besucherherzen.

Fahrrad-Verleih und -Service
Fahrradverleih Manfred Stöven, Bahnhofstraße 14, 25761 Büsum, Tel. 04834 3687

Fahrradverleih Werwoll, Heider Straße 9, 25761 Büsum, Tel. 04834 2353

Fahrradverleih Höber, Föhrer Weg 9, 25761 Büsum, Tel. 04834 6500

Fahrradverleih und -reparatur Jochen Dethlefs, Westerstraße 14, 25761 Büsum, Tel. 04834 962612 oder 04834 2345

Sturmflutenwelt „Blanker Hans"
Dr.-Martin-Bahr-Straße 7, 25761 Nordsee-Heilbad Büsum, Tel. 04834 909 135, www.blanker-hans.de

Piraten Meer
Südstrand 9, 25761 Nordsee-Heilbad Büsum, Tel. 04834 909-133, www.piratenmeer.de

Weitere Informationen
www.dithmarschen-tourismus.de

Das Erlebnisbad Piraten Meer von außen. Drinnen können Sie so richtig was erleben.

Büsums Erlebnisbad **Piraten Meer** begrüßt all die Abenteurer und Erholer, die das neueste Wellenbad-Erlebnis an der Nordseeküste für sich entdecken und mit der ganzen Familie kapern wollen: mit „Sieben-Meere-Erlebnisbecken", „Long-John-Silver Wasserrutsche", „Freibeuter-Außenbecken", „Käpt'n Cookies Wassergarten", „Störtebecken" (mit Nordseebrandung) und der „Schatzinsel-Sauna".

Bereits seit 1877 ist Büsum ein See- und Familienbad. Der Leuchtturm wurde erst 1912/13 am Deich gebaut. Seitdem ist er den Fischern auf See ein Wegweiser.

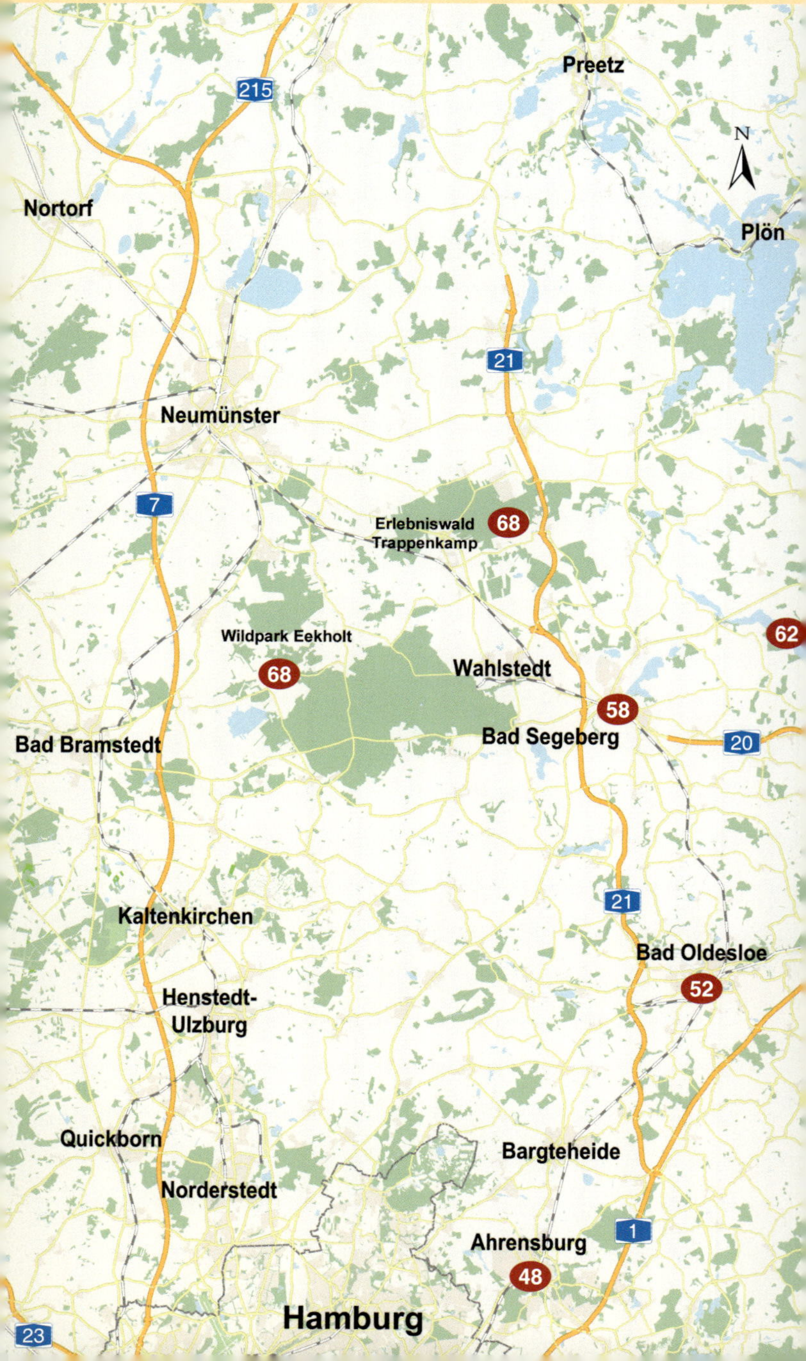
Preetz
215
N
Nortorf
Plön
21
Neumünster
7
Erlebniswald
Trappenkamp
68
Wildpark Eekholt
68
62
Wahlstedt
58
Bad Segeberg
Bad Bramstedt
20
21
Kaltenkirchen
Bad Oldesloe
52
Henstedt-
Ulzburg
Quickborn
Bargteheide
Norderstedt
1
Ahrensburg
48
Hamburg
23

Schleswig-Holstein
Nördlich von Hamburg

Ahrensburg
Kleinod der Kultur und Natur

Wie ein kostbares Juwel liegt Ahrensburgs leuchtend weißes **Renaissance-Schloss** auf einer von Wassergraben und Mühlenteich umgebenen Insel. Es wurde Ende der 1570er-Jahre bis 1585 von Peter Rantzau als Herrenhaus eines sogenannten Adligen Gutes errichtet. Ab der Mitte des 18. Jahrhunderts befand sich das Schloss im Besitz der Grafen Schimmelmann, die es umgestalten und das residenzartige Dorf Woldenhorn errichten ließen, aus dem sich die Stadt Ahrensburg entwickelt hat – heute die mit 31 000 Einwohnern größte Stadt im Kreis Stormarn. Eine streng symmetrische barocke Achse führte von der Schlosskirche bis zum sogenannten Rondeel, welches heute inmitten der Stadt liegt. Entlang der Achse reihte sich die gesellschaftliche Ordnung, von den Kavaliershäusern der Gutsbeamten am Marktplatz vor der Kirche über die Domizile der Kaufleute bis zu den Häusern der Bauern an der angerartig erweiterten Großen Straße, die im Rondeel mündet. Von dort strahlten drei lange Alleen bis zum Lustwald Hagen, nach Manhagen und nach Hamburg aus, was heute noch in den Straßennamen verewigt ist. Diese barocke Anlage sollte die Machtbündelung des Gutsherrn und seinen ins Umland strahlenden Einfluss zum Ausdruck bringen. Seit 1955 gehört das Schloss als Museum der schleswig-holsteinischen Adelskultur mit seiner prachtvollen Mobiliar-, Porzellan- und Gemäldeeinrichtung zu den Hauptsehenswürdigkeiten des Landes.

Der **Schlosspark** war unter Heinrich Carl von Schimmelmann (1724–1782), Schatzmeister des dänischen Königs, als großartiger Barockgarten geplant. Die Idee wurde aber nur sehr begrenzt umgesetzt. Aus dieser Epoche stammen noch die Lindenalleen auf den Wallresten der Schlossinsel. Vor der zweibogigen Granitquaderbrücke zum Schloss liegen auf

Adressen
Stiftung **Schloss** Ahrensburg, Museum schleswig-holsteinischer Adelskultur, Lübecker Straße 1, 22926 Ahrensburg, Tel. 04102 42510, info@schloss-ahrensburg.de, www.schloss-ahrensburg.de, www.gartenrouten-sh.de Kostenloser Audioguide, Spielangebot „Sachensucher" für Kinder. Verschiedene Extra-Angebote für Kindergeburtstage. Achtung: Mo. + Fr. geschlossen

Das Strandbad betreibt der Campingplatz **Bredenbecker Teich** e. V., Wulfsdorfer Weg, 22949 Ammersbek, www.camping-bredenbeker-teich.de, geöffnet Mitte Mai–Mitte Sept.

Haus der Natur, Verein Jordsand zum Schutze der Seevögel und der Natur e.V., Bornkampsweg 35, 22926 Ahrensburg, Tel. 04102 32656, www.jordsand.eu, täglich geöffnet

Mehr Informationen
www.ahrensburg.de

Postamenten zwei Sandsteinlöwen von 1765. Aus derselben Zeit stammen zwei spätbarocke Sandsteinvasen. Der Großteil des Gartens erstreckt sich als englischer Landschaftspark aus der Zeit um 1870. Bemerkenswert sind die seltenen Baumarten, darunter eine über 150 Jahre alte schlitzblättrige Federbuche auf der Schlossinsel, die unter Naturschutz steht. Ein das Gelände umlaufender „belt-walk“ gibt schöne Blicke auf Schloss und Umgebung frei. Im Park finden regelmäßig Veranstaltungen statt wie Festspiele, Gartenfeste, die jährliche „Living and Garden“, Open-Air Konzerte und Kino.

Der Schlossbrücke gegenüber liegt der ehemalige Wirtschaftshof mit dem **Marstall**. Im vorderen, 1845 errichteten Teil, einer dreiflügeligen Anlage, befindet sich heute eine weit über die Region hinaus anerkannte Ausstellungshalle für zeitgenössische Kunst. Die **Schlosskirche** wurde 1594–96 von Peter Rantzau als zentrale Grablege und Gutskirche erbaut. Von der kostbaren Ausstattung sind der

Eigentlich ist das kleine Wasserschloss in Ahrensburg ein Herrenhaus und war Mittelpunkt eines Adelsgutes. Doch der für die Öffentlichkeit zugängliche Renaissancebau aus dem 16. Jahrhundert wird schon seit langem Schloss genannt.

schöne Taufengel, der Kanzelaltar und die Pastorenstühle hervorzuheben. Zu beiden Seiten der Kirche liegen die sogenannte **Gottesbuden**, zwei Reihen lang gestreckter Backsteinhäuser mit je zwölf Armenwohnungen (heute elf), die auf eine mildtätige Stiftung Peter Rantzaus zurückgehen und bedürftigen Gutsuntertanen vorbehalten waren. Auch heute noch dienen sie sozial Schwachen als Wohnung.

Nicht nur Kultur, auch die Natur ist in Ahrensburg zum Greifen nahe. Im Osten lockt der idyllisch gelegene **Bredenbecker Teich** mit seiner exzellenten Wasserqualität zum Baden. Im südlichen Ortsteil Wulfsdorf betreibt der „Verein Jordsand zum Schutze der Seevögel und der Natur e.V." das Museum **Haus der Natur** im ehemaligen Wohnhaus des Gutes Wulfsdorf inmitten eines acht Hektar großen, 1906 bis 1909 nach englischem Vorbild angelegten Parks. Der alte Baumbestand, Linden- und Birkenallee, verschlungene Wege und mehrere Teiche prägen das Landschaftsbild, Heidschnucken mit Lämmern tummeln sich hier. Die über 70 heimischen und exotischen Baumarten werden auf einem naturkundlichen Lehrpfad erklärt, ganzjährig gibt es Thementage „Natur zum Anfassen" und viele Angebote für Kinder. Die ständige naturkundliche Ausstellung im Haus der Natur präsentiert eine große Sammlung heimischer Vögel, dargestellt in Landschaftsmodellen ihrer Lebensräume, sogenannten Dioramen: Das Wattenmeer, der Lummenfelsen von Helgoland, das Ahrensburger Tunneltal wurden szenenhaft nachgebildet.

Zum echten **Ahrensburger Tunneltal** ist es von hier nicht weit. Das ca. sieben Kilometer lange und bis zwei Kilometer breite Tal liegt südlich der U-Bahnstrecke und östlich der DB-Bahnstrecke Hamburg-Lübeck und lässt sich zu Fuß oder per Fahrrad erschließen, indem man sich von den Siedlungen Hagen bzw. Am Hagen westlich hält. Das Tunneltal umfasst die Niederungen, in denen heute die Wandse, der Stellmoorer Quellfluss und der Hopfenbach fließen, und verdankt seine Entstehung am Ende der letzten Eiszeit (vor etwa 15 000 Jahren) dem abfließenden Schmelzwasser, das sich einen Weg in einem Tunnel unter dem Eis bahnte. Mit seinen Trockenrasen, Krattwäldern und Feuchtbiotopen ist das Tunneltal ein wichtiges Rückzugsareal für vom Aussterben bedrohte Pflanzen und Tiere. Es ist vollständig unter Naturschutz gestellt und wird im Auftrag des Landes Schleswig-Holstein vom Verein Jordsand betreut. Überregional ist das Tunneltal wegen seiner einmaligen Konzentration von vorgeschichtlichen Fundstätten aus der jüngeren Altsteinzeit bekannt („Ahrensburger Kultur"). Im Forst Hagen, einem Teil des Naturschutzgebiets, eröffnen viele Waldwege und -pfade schöne Ausblicke in die tiefer liegenden Wiesen und Bruchwälder. Die Wartenberge im Nordosten des Waldes sind die höchste Erhebung weit und breit. Ein geologisch-archäologischer Wanderpfad führt zu einer Reihe von sehenswerten Fundstätten im Wald, wie im nordwestlichen Teil die Reste der mittelalterlichen **Burg Arnesvelde**, aus deren Steinen das Schloss Ahrensburg errichtet wurde. Diese Stelle erreicht man auch gut über die Brücke an der P+R-Anlage des U-Bahnhofs Ahrensburg-West und den sehenswerten Moorwanderweg.

Bad Oldesloe mit Umgebung

Historischer Rundgang durch das alte Oldesloe
Anmeldung unter Stadtmarketing Markt 5, 23843 Bad Oldesloe, Tel. 04531 504520, stadtmarketing@badoldesloe.de

Bad Oldesloe ist die Kreisstadt des Kreises Stormarn. Sie wurde im 12. Jahrhundert am Zusammenfluss von Trave und Beste gegründet. Ein großer Teil des Warenverkehrs zwischen Lübeck und Hamburg wurde in der Hansezeit auf der bis Oldesloe schiffbaren Trave transportiert, sodass sich der Ort zu einem wichtigen Handelsumschlagplatz entwickeln konnte. Auf der **Hude** zeugt das sogenannte **Blaue Haus** noch heute von dieser Zeit.

Der wichtigste Handwerkszweig in Oldesloe waren die Schuster, die über eine eigene Lohmühle verfügten und zahllose Gerbereien betrieben. Oldesloe erhielt um 1238 das Stadtrecht, im Jahr 1371 verlieh Graf Adolf VII. das Markt- und Jahrmarktsprivileg.

Lange prägte die Saline mit ihren Mühlen und Gradierwerken das Bild der Stadt, bis alle Anlagen 1866 abgerissen wurden. Das in Oldesloe gewonnene Salz konnte sich gegen die Konkurrenz des billigeren Lüneburger und des Baiensalzes aus dem Atlantik nicht durchsetzen. Doch dienten die schwefel- und salzhaltigen Quellen dem Apotheker Lorentzen 1813 als Anlass, in Oldesloe ein **Kurbad** zu errichten. Ein Ensemble aus Kurhaus, Badehäusern und einem Logierhaus entstand, von dem heute leider nichts mehr erhalten ist. Einige dieser Gebäude wurden von dem berühmten dänischen Architekten Christian Frederik Hansen entworfen, von dem auch das **Historische Rathaus** der Stadt am Marktplatz stammt. Das Oldesloer Bad erlebte um 1900 eine zweite Blüte. Aus dieser Zeit stammen zahlreiche Villengebäude, die noch an den Oldesloer Badebetrieb erinnern. Am Besten lernen Sie die „Beste Trave Stadt“ auf einem ausgedehnten **Stadtrundgang** kennen. Kostenlose Termine finden von März bis Oktober statt und sind im Internet unter www.badoldesloe.de/stadtrundgang zu finden.

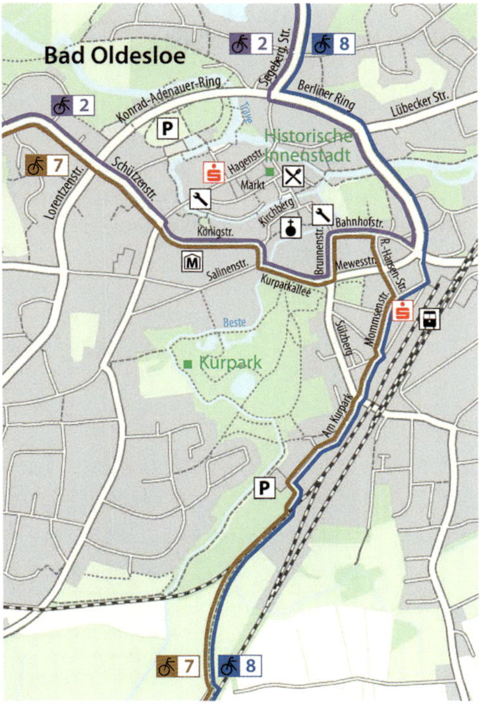

Fahrrad-Service

Fahrradplus, Hagenstraße 32, 23843 Bad Oldesloe, Tel. 04531 5120

2-Rad Küper, Bahnhofstraße 3, 23843 Bad Oldesloe, Tel. 04531 87646

Radrundtour „Eiszeit erleben und Obst probieren“

Vom Startpunkt am Bahnhof in Bad Oldesloe führt die Tour zunächst über den Wolkenweher Weg. Nördlich davon liegt das von der Trave durchflossene Naturschutzgebiet Brennermoor **(1)**. In diesem größten binnenländischen Salzmoor Schleswig-Holsteins wächst eine Pflanzenwelt, wie sie sonst nur in Küstennähe zu finden ist. Über den Weg, der von Wolkenwehe durch das Brennermoor führt, lässt sich auf einem Abstecher auch Nütschau **(2)** erreichen. Das dreigiebelige Herrenhaus

Start- und Endpunkt
Bad Oldesloe, Bahnhof

Streckenverlauf
Sülfeld – Neversdorf – Wakendorf I

Länge
36 km

Karte zum Download und weitere Tourenvorschläge unter www.kreis-stormarn.de/go/radtour

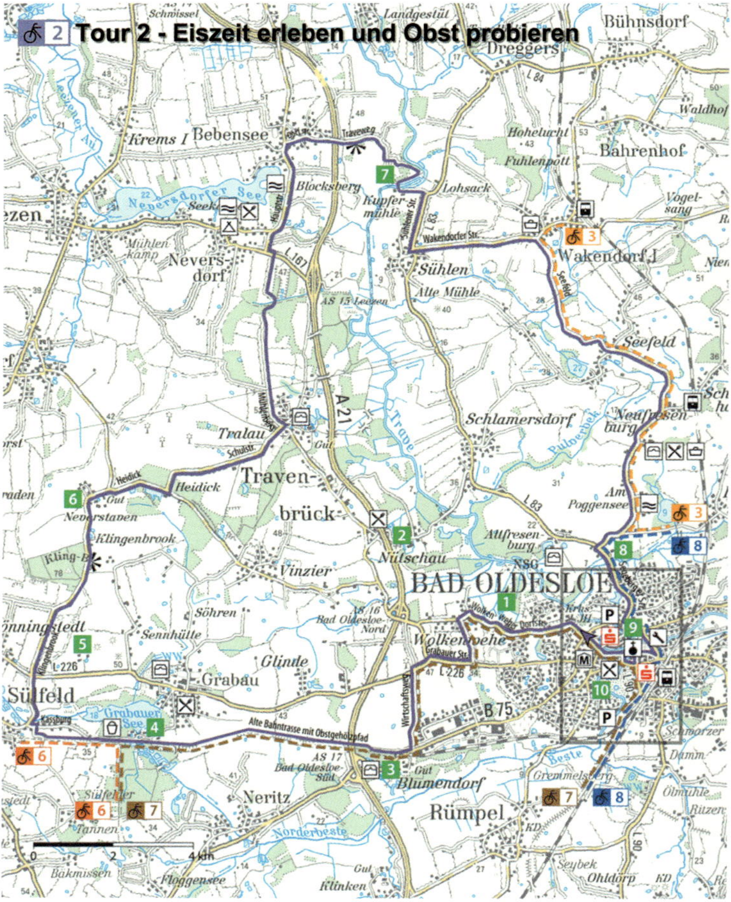
2 Tour 2 - Eiszeit erleben und Obst probieren
Bebensee
Nevers-
dorf
Traven-
brück
Tralau
Heidick
Sülfeld
Grabau
BAD OLDESLOE
Wakendorf I
Schlamersdorf
Nütschau
Vinzier
Söhren
Glinde
Neritz
Rümpel
Blumendorf
Bahrenhof
Bühnsdorf
Dreggers
Seefeld
Sühlen
Lohsack
Wolkenwehe
A 21
L 226
B 75
Trave
0 2 4 km

Seit 450 Jahren steht das alte Herrenhaus in Nütschau, Gemeinde Travenbrück. Aber erst seit 1951 wird es als Benediktinerkloster genutzt.

von 1577–79 beherbergt seit 1951 Deutschlands nördlichstes Benediktinerkloster. Die Klosterkirche ist tagsüber frei zugänglich und lädt zu einem Moment der Stille ein.

Das Herrenhaus im Bad Oldesloer Ortsteil Blumendorf ist nur im Rahmen von Veranstaltungen zugänglich. Der Meilenstein **(3)** von 1840 mit dem Monogramm des dänischen Königs Christian VIII. als Herzog von Holstein, kurz hinter dem Bahnübergang an der Straße, markierte ehemals die Chaussee von Lübeck nach Altona. Hier beginnt der Radwanderweg auf der alten Bahntrasse mit dem Obstlehrpfad **(4)**, auf dem sich im Spätsommer und Herbst alte und neue Obstsorten probieren lassen. Kurz vor Grabau liegt am Weg ein Findlingsgarten mit Steinen, die mit den Gletschern der Eiszeiten aus Skandinavien kamen. Der Lehr- und Erlebnispfad Grabau mit Waldspielplatz und Niedrigseilgarten gibt Einblicke in die Themen Wald und Wasser. Östlich der Strecke von Sülfeld Richtung Never-

Das Kloster Nütschau ist das nördlichste aktive Benediktinerkloster Deutschlands. Gebet und Arbeit prägen den Tagesablauf der knapp zwanzig Mönche: Viermal am Tag versammeln sie sich in der Klosterkirche zum Stundengebet. Dazu sind auch Gäste herzlich willkommen! Für alle, die länger bleiben und ein paar stille Tage abseits der Hektik des Alltags im Kloster verbringen möchten, stehen Gästezimmer zur Verfügung.

Weitere Informationen
Kloster Nütschau, Schloßstraße 30, 23843 Travenbrück-Nütschau, www.kloster.nuetschau.de

Am Wegesrand
Lehr- und Erlebnispfad Grabau, Hoherdamm 5, 23845 Grabau, Tel. 04537 707766, www.naturerlebnis-grabau.de

Gut und Gutspark Neverstaven, Neverstaven 1, 23843 Travenbrück, Tel. 04537 211

Hofladen Hof Burmeister, Hauptstraße 1, 23845 Wakendorf I, Tel. 04550 98987

Obsthof Neufresenburg, Neufresenburg 22, 23843 Bad Oldesloe, Tel. 04531 2347

Freibad Poggensee, Am Poggensee, 23843 Bad Oldesloe, Tel. 04531 2060

Mennokate, Altfresenburg 1, 23843 Bad Oldesloe, Tel. 04531 800767

Gastronomie
Dorfkrug Grabau, Dorfstraße 3, 23845 Grabau, Tel. 04537 258015

Landhaus Nütschau, Am Dreieck 23, 23843 Travenbrück-Nütschau, Tel. 04531 801834

Gasthof Waidmann's Ruh, Hauptstraße 69, 23816 Neversdorf, Tel. 04552 278

staven liegt das Grabauer Gräberfeld **(5)** mit vier buchen- und eichenbestandenen Grabhügeln aus der Bronzezeit. Auch landschaftlichen Zeugen der letzten Eiszeit begegnet man immer wieder auf der Fahrt. So ist der 77 Meter hohe Klingberg, von dem man eine herrliche Sicht hat, ein ehemaliger Eisumlaufberg – in der Gletscherkunde als Nunatak bezeichnet –, der einst aus den Eismassen herausragte.
Am Herrenhaus des Gutes Neverstaven ist der in den 1920er-Jahren angelegte Gutspark **(6)** nach Voranmeldung zu besichtigen. Das ebenfalls private Herrenhaus Tralau ist nur aus der Ferne zu betrachten. Durch Wiese, Feld und Wald geht es nach Neversdorf und Bebensee. Tief eingeschnitten liegt hier idyllisch der Neversdorfer See mit seinen Badestellen an sanft abfallenden sandigen Ufern. Einen wunderbar weiten Blick genießt man vom Traveweg, nachdem man Bebensee hinter sich gelassen hat. Das Auge schweift über eiszeitlich geformte wellige Wiesen und Felder ins Tal der Mittleren Trave. Kurz danach geht die Straße in einen Feldweg über, der gleich darauf entlang einem Knick in Richtung Wald ansteigt und anschließend durch den Wald hinab zur Sühlener Wassermühle **(7)** führt. Die heute als Wohnhaus genutzte Mühle schmiegt sich hier ins Travetal.
Kartoffeln, Obst und Gemüse bietet der Hofladen Burmeister in Wakendorf I, bevor heckengesäumte kleine Straßen nach Seefeld führen. Der Hofladen des Gutes Neufresenburg hält im dazugehörigen Café eine Stärkung bereit und verkauft frische Früchte der Saison. Kurz vor der Rückkehr nach Bad Oldesloe lockt das Freibad Poggensee. In der Nähe informiert die Mennokate **(8)** über Menno Simons, den Prediger der Mennoniten (bitte vorher anmelden). Der Überlieferung nach hat er hier im

16. Jahrhundert theologische Schriften gedruckt und auch die mächtige Linde vor dem Haus gepflanzt. Zum Abschluss kann man die Tour in der historischen Innenstadt **(9)** von Bad Oldesloe bei einer Erfrischung an ehemaligen Mühlen und am Wasser der Flüsse Trave und Beste Revue passieren oder den Ausflug mit einem Picknick im Kurpark **(10)** ausklingen lassen.

Brücke über die Trave bei Kloster Nütschau. Die Brücke gab der Gemeinde Travenbrück ihren Namen.

Gastronomie

Café GutsHofScheune, Neufresenburg 22c, 23843 Bad Oldesloe, Tel. 04531 880666

Café Lounge „Mocca“, Hude 5, 23843 Bad Oldesloe, Tel. 04531 1209363

Café & Crêperie Provence, Kirchberg 2, 23843 Bad Oldesloe, Tel. 04531 169 48 86

Café Travestübchen, Heiligengeiststraße 14a, 23843 Bad Oldesloe, Tel. 04531 4647

Bad Segeberg mit dem Kalkberg
Im Reich der Fledermäuse

Noctalis (mit Kalkberghöhle), Oberbergstraße 27, 23795 Bad Segeberg
Tel. 04551 8082-0, www.noctalis.de
Hinweis: Höhle nur April–Sept geöffnet, geführter Rundgang ca. 35 Minuten

Kalkberg GmbH Bad Segeberg, Karl-May-Platz, 23795 Bad Segeberg, Ticket-Hotline und Infos: Tel. 01805 952111, www.karl-may-spiele.de; Indian Village geöffnet während der Karl-May-Spiele (Ende Juni bis Anfang Sept.)

Städtische Kunsthalle Otto Flath, Bismarckallee 5, 23795 Bad Segeberg, Tel. 04551 879900, geöffnet: April–Okt. Fr–So 15–18 Uhr

Heimatmuseum, Lübecker Straße 15, 23795 Bad Segeberg, Tel. 04551 96 42 04, geöffnet April–Okt. Di–Fr 10–17 Uhr, Sa/So 14.30–17 Uhr

Weitere Informationen
www.bad-segeberg.de

Bad Segeberg, staatlich anerkannter Luftkurort, umgeben von einer hügeligen Wald-, Knick- und Seenlandschaft, blickt auf über 875 Jahre wechselvolle Stadtgeschichte zurück. Angeregt durch den Mönch Vicelin ließ Kaiser Lothar III. 1134 auf der Spitze des Kalkbergs die „Siegesburg“ errichten. Am Fuß des Berges entstanden ein Kloster und die ab 1156 errichtete **St.-Marien-Kirche**, eines der bedeutendsten romanischen Bauwerke in Norddeutschland. Der Schnitzaltar ist ein prachtvolles Werk aus dem 16. Jahrhundert. Das älteste erhaltene Wohngebäude ist das **Alt-Segeberger Bürgerhaus** von 1606, das heute ein interessantes Heimatmuseum beherbergt. Der Holzbildhauer und Maler Otto Flath (1906–1987) schuf in Bad Segeberg beeindruckende Werke. Teile seines großen Schaffens können Sie heute in der **Kunsthalle Otto Flath** besichtigen.

Wahrzeichen der 16 000-Einwohner-Stadt ist ein einzigartiges Naturdenkmal: der 91 Meter hohe **Kalkberg**, von dem man einen herrlichen Rundblick über die Stadt und das Umland hat. Vor seiner Kulisse finden im Sommer seit 1952 alljährlich die berühmten Karl-May-Spiele statt. Am Freilichttheater mit seinen 7500 Plätzen bietet das **Indian Village** mit dem Nebraska-Haus eine kulturhistorische Ausstellung rund um die nordamerikanischen Indianer und die weißen Pioniere. Die Ausstellung im **Karl-May-Haus** gewährt einen Blick hinter die Kulissen der Spiele. Gezeigt werden unter anderem Fotos von vergangenen Inszenierungen und eine Dokumentation der Plakat-Kunst der Karl-May-Spiele.

Unter dem Kalkberg befinden sich die bizarren Felsformationen der **Kalkberghöhle**. Neben ihrer besonderen Geologie machen sieben verschiedene Arten von Fledermäusen die einzige Schauhöhle

Schleswig-Holsteins zu einer Schatzkammer der Natur. Hier entdecken Sie auf einem geführten Rundgang das größte natürliche Winterquartier in Nord- und Mitteleuropa für mehr als 20 000 Fledermäuse. Besuchen Sie außerdem Europas einzige Erlebnisausstellung über Fledermäuse: **Noctalis – Welt der Fledermäuse**. Die 2006 eröffnete informative Erweiterung zur Kalkberghöhle zeigt auf vier Etagen in spannenden Inszenierungen die Vielfalt, Schönheit und Eigenart der Fledermäuse. Faszination und Vergnügen an interaktiven Lern- und Spielstationen stehen im Vordergrund, damit die Besucher Vorurteile gegenüber den Tieren verlieren. Beobachten Sie die faszinierenden Nachtjäger bei ihren artistischen Flugmanövern und beim Fressen ihrer Leibspeise Bananen. Auf einer ganzen Etage können Sie im „Noctarium“ lebendige Fledermäuse und ihre sonst verdeckte Lebensweise beobachten. Nahezu 100 Fledermäuse haben dort ein Zuhause gefunden. Verweilen Sie

Der Große Segeberger See ist Freizeit- und Anglerparadies. Im Stadtbereich gibt es ein Freibad, eine Kurpromenade und einen Bootsverleih.

Seit 1952 finden im Kalkbergstadion von Bad Segeberg die Karl-May-Spiele statt.

auf den Bänken rund um das Noctarium und bestaunen Sie die Tiere durch eine über 75 Quadratmeter große durchgehende Glaswand.

Nach so viel „Unterwelt" noch mal an die frische Luft? Am besten bei einer Wanderung um den Großen Segeberger See. Start der schönen, 8,5 Kilometer langen Strecke direkt am Wasser entlang ist die Backofenwiese am südlichen Rand des Sees.

Im Stadtzentrum von Bad Segeberg steht die St.-Marien-Kirche, eine dreischiffige Backsteinbasilika im romanischen Stil. Im Bild das Mittelschiff mit Kanzel, Triumphkreuz und Altar.

Rund um den Wardersee

Weitere Informationen
www.kirchenrouten.eu

Die Herrenhaustour

Die Herrenhaustour ist eine von acht Kirchenrouten, die bedeutende, historische Kirchen miteinander verbinden. Sie sind geöffnet und laden die Besucher ein zum Verweilen zwischen der Anstrengung des Weges und der Freude an Landschaft und Kultur. Die Herrenhaustour verdankt ihren Namen den vielen Guts- und Herrenhausanlagen aus der großen Zeit des Landadels vom 16. bis zum 19. Jahrhundert in Schleswig-Holstein. Die adligen Güter waren oft Orte zur Förderung der Kunst und Kultur. Und natürlich waren und sind sie auch architektonische Highlights abseits der großen Städte und Metropolen.

Die Landschaft, die Sie hier mit dem Fahrrad durchqueren, ist von Knicks, jenen windabweisenden Buschhecken, die das Bild des nördlichsten Bundeslandes so nachhaltig prägen, durchzogen. Ihr Mittelpunkt ist der lang gestreckte Wardersee, der von der Trave durchflossen wird, die dann viele Kilometer später hinter Lübeck bei Travemünde in die Ostsee mündet.

In unmittelbarer Nähe des Sees befinden sich mit Gut Wensin, Gut Rohlstorf und Gut Pronstorf drei ehemalige Adelsgüter, die wir ebenso wie Gut Seedorf mit seinem wunderschönen Torhaus im Verlauf der Radtour besuchen werden.

Westliche Route
Bad Segeberg – Warder – Nehms – 31 km
Östliche Route
Bad Segeberg – Westerrade – Seedorf – Nehms – 44 km

Schwierigkeitsgrad: leicht bis mittel

Bad Segeberg ist das „Tor zur Holsteinischen Schweiz“. Bekannt ist die Stadt vor allem durch die Karl-May-Spiele. Lohnenswert ist auch der Besuch des „Noctalis“, Europas einziger Erlebnisausstellung über Fledermäuse. Vom 91 Meter hohen Kalkberg haben Sie einen herrlichen Ausblick auf die Altstadt und auf den Großen Segeberger See. Rund um den See finden Sie eine Vielzahl von Badestellen und Rastplätzen.
Durch die sogenannten Stipsdorfer Alpen führt die Route Sie in das Dorf Quaal. Unterwegs werden Ihnen immer wieder herrliche Ausblicke in die Landschaft geboten.
Im Quaaler Ehrgarten können Sie sich an einem farbenfrohen Blumenmeer aus verschiedenen Rosenarten, Hortensien und Akeleien erfreuen.

Sie haben hier die Möglichkeit, die nur ca. 31 Kilometer lange **westliche Route** der Herrenhaustour Richtung Warder zu nehmen. Ein Höhepunkt dieser Strecke ist die Kirche zu Warder. Der einschiffige Feldsteinbau wurde 1198 erstmals urkundlich erwähnt. Im Turm hängt neben einer Glocke von 1587 eine der ältesten Bronzeglocken Nordeuropas aus dem 13./14. Jahrhundert!
Das Kirchdorf Warder liegt landschaftlich reizvoll eingebettet direkt am Wardersee. Am Gemeindehaus können Sie von der Badestelle aus die herrliche Aussicht auf den See genießen. Rund um

Start- und Endpunkt
Segeberg, z. B. am Kalkberg (Straße: Kastanienweg)

Ausschilderung/ Radwanderführer
Die Strecke ist entlang des kreisweiten Radroutennetzes ausgeschildert. Eine Radwanderkarte steht unter http://kirchenrouten.eu/index.php?id=35 zum Download bereit.

Einkehrmöglichkeiten
Hotel & Restaurant Strengliner Mühle, Mühlenstraße 2, 23820 Pronstorf-Strenglin, Tel. 04556 99 70 99, info@strenglinermuehle.de

Fahrrad-Verleih und -Service
Fahrradhaus Zitho, Ziegelstraße 105, 23795 Bad Segeberg, Tel. 04551 84264

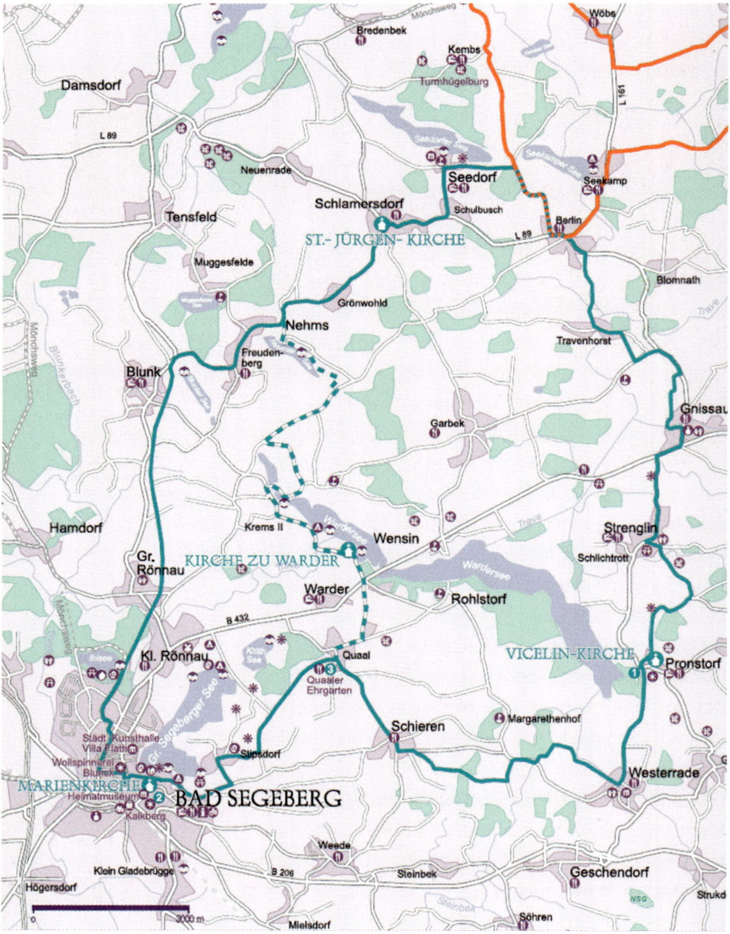
Wöbs
Bredenbek
Kembs
Turmhügelburg
Damsdorf
L 89
Neuenrade
Seedorf
Seekamp
Schlamersdorf
Schulbusch
Tensfeld
Berlin
ST.-JÜRGEN-KIRCHE
L 89
Muggesfelde
Blomnath
Grönwohld
Nehms
Travenhorst
Freudenberg
Blunk
Garbek
Gnissau
Hamdorf
Krems II
Strenglin
Wensin
Schlichtrott
Gr. Rönnau
KIRCHE ZU WARDER
Warder
Rohlstorf
B 432
Kl. Rönnau
Quaal
VICELIN-KIRCHE
Pronstorf
Quaaler Ehrgarten
Schieren
Margarethenhof
Städt. Kunsthalle Villa Flath
Stipsdorf
Wollspinnerei Blunck
Westerrade
MARIENKIRCHE
Heimatmuseum
BAD SEGEBERG
Kalkberg
Weede
Klein Gladebrügge
B 206
Steinbek
Geschendorf
Högersdorf
Strukdorf
3000 m
Mielsdorf
Söhren

Ein kulturhistorischer Höhepunkt der Tour ist die Kirche zu Warder. Der einschiffige Feldsteinbau wurde 1198 erstmals urkundlich erwähnt.

den Wardersee finden Sie mehrere Landgasthöfe, in denen Sie sich kulinarisch verwöhnen lassen können. Ein Abstecher lohnt sich über die historische Lindenallee zum Gut Rohlstorf, einem im 16. Jahrhundert gegründeten Gut mit neobarockem Herrenhaus. Nicht weit entfernt am Nordufer des Wardersees liegt das Gut Wensin mit seinem idyllischen Barockgarten und Landschaftspark.

Die ca. 44 Kilometer lange **östliche Route** führt Sie zunächst über die Dörfer Schieren und Westerrade nach Pronstorf. Im Westerrader Dorfmuseum ist eine interessante Sammlung historischer Landmaschinen und Gerätschaften ausgestellt.
In Pronstorf erwartet Sie die Vicelinkirche. Die romanische Rundturm-Feldsteinkirche wird im Jahr 1198 erstmals urkundlich erwähnt. Ihr Name geht auf den Bischof Vicelin zurück, der im 12. Jahrhundert im ostholsteinischen Wagrien missionierte.

In Pronstorf erwartet Sie die Vicelinkirche, eine im romanischen Stil errichtete, einschiffige Saalkirche mit Rundturm.

Ein eindrucksvolles Alleensystem erstreckt sich vom Gut Seedorf weit in die Landschaft.

Das Gutsdorf Pronstorf am Wardersee ist wunderschön gelegen im Ostholsteinischen Hügelland.
An das Dorf grenzen Ländereien des Guts Pronstorf, eines adligen Lehnsguts aus dem 14. Jahrhundert. Das Herz- und Prunkstück des Guts ist das im Jahre 1728 im Barockstil erbaute Herrenhaus. Es befindet sich im Besitz der Grafen zu Rantzau. Im Torhaus ist ein Hotel eingezogen.
Das grüne Band des Streckenverlaufs führt Sie nach Strenglin, wo Sie in der Strengliner Mühle oder im Dorf rasten können.
Gestärkt radeln Sie weiter nach Gnissau. In der Dorfmitte ist die St.-Katharinen-Kirche zu finden, ein neuromanischer Backsteinbau, der 1883 eingeweiht wurde. Die erste Kirche in dem Wendendorf wurde 1198 zum ersten Mal urkundlich erwähnt.
Bei Travenhorst queren Sie die Trave, die sich hier noch als Bach durch die Wiesen und Felder schlängelt. Auf der Potsdamer Straße radeln Sie durch das Dorf Berlin, um an den Seedorfer See zu gelangen. Der Ort hat zwar nur 600 Einwohner, aber auch wie die Bundeshauptstadt einen Kurfürstendamm, einen Potsdamer Platz und eine Straße Unter den Linden.
An den Ufern des Seedorfer Sees genießen Sie während einer wohlverdienten Pause Ruhe pur. Wandeln Sie unter uralten Bäumen entlang der historischen Alleen hin zum unter Denkmalschutz stehenden Gut Seedorf. Sein zur Befestigungsanlage gehörendes Torhaus wurde 1583 im Stil der niederländischen Spätrenaissance erbaut.
Sie fahren weiter nach Schlamersdorf vorbei am schönen baumbestandenen und denkmalgeschützten Marktplatz zur St. Jürgenkirche.
Die backsteinerne Kirche, deren Namenspatron der heilige Georg ist, wurde im 19. Jahrhundert im

Gut Seedorf steht ebenso wie das zur ehemaligen Befestigungsanlage gehörende Torhaus, das 1583 im Stil der niederländischen Spätrenaissance erbaut wurde, unter Denkmalschutz.

historisierenden Stil errichtet. Sie ersetzte den 1870 abgebrannten Vorgängerbau, einen bereits vor der Mitte des 12. Jahrhunderts unter Bischof Vicelin (1090–1154) entstandenen Feldsteinzentralbau.

In Schlamersdorf treten Sie den letzten Streckenabschnitt der Herrenhaustour an.

Kurz hinter Nehms lohnt sich ein Abstecher an den Muggesfelder See, von wo aus Sie einen herrlichen Ausblick auf die spätbarocke Gutsanlage von 1725 haben. Alle drei Seen in diesem Routenabschnitt, der Nehmser, der Muggesfelder und der Blunker See, bieten Ihnen Bademöglichkeiten.

Ab Blunk verläuft die Tour über Groß Rönnau bis nach Bad Segeberg auf einer ehemaligen Bahntrasse. Kurz vor Bad Segeberg erreichen Sie das Naturschutzgebiet Ihlwald mit dem nährstoffarmen Ihlsee. Das bewachte Strandbad ist mit seinem sandigen, flachen Ufer für Kinder besonders gut geeignet.

Wildpark Eekholt und ErlebnisWald Trappenkamp

Rund um den Segeberger Forst können nicht nur Familien auf Entdeckungsjagd gehen. Der **Wildpark Eekholt** und der Erlebniswald Trappenkamp bieten ein vielfältiges Programm an, die heimische Flora und Fauna kennenzulernen.

Am Nordrand des Segeberger Forstes zwischen Bad Bramstedt und Bad Segeberg liegt, eingebettet in die reizvolle Landschaft der Osterau, die Naturerlebnisstätte Wildpark Eekholt. Sie wird seit über vierzig Jahren privat geführt und zählt zu den schönsten Wildparks des Landes. Auf einer Fläche von 67 Hektar kann man hier über 700 einheimische Tiere aus 100 Arten in ihrer natürlichen Umgebung beobachten. Besonderes Ziel ist es, mit Kindern, Jugendlichen und Erwachsenen die Schönheit und Vielfalt der Natur zu entdecken und sie auf diesem Wege nachhaltig für die Umwelt zu sensibilisieren. Unter dem Thema „Landschaft im Wandel der Zeit – Wechselbeziehungen zwischen Mensch und Natur am Beispiel Moor und Heide“

Heimische Tiere in natürlicher Umgebung werden im Wildpark Eekholt gezeigt – wie dieses Wildschwein.

werden den Besuchern Entwicklungsprozesse nähergebracht, die in den vergangenen Jahrzehnten zu einschneidenden ökologischen Veränderungen und zu einem gravierenden Wandel in der Landschaft geführt haben.

Wichtig für die Kinder ist natürlich der Spielplatz mit dem Streichelgehege. Kletterwand, Tauschaukel, Rutschen, Hüpfkissen und Trampoline sind Attraktionen bei jedem Wildparkbesuch. Die Biberburg und Kletterbäume laden zum Toben ein. Nur gemeinsam lässt sich der Weg des Wassers von der Pumpe über das Wasserrad und den Brunnen bis in den angrenzenden Bach verfolgen. Auf der Wanderung durch den Park gibt es immer wieder Gelegenheit, Spielstationen zu entdecken. Dort

Weitere Informationen
Wildpark Eekholt, Naturerlebnisstätte, Eekholt 1, 24623 Großenaspe, Tel. 04327 99230, www.wildpark-eekholt.de

Neben den heimischen Wildtieren bietet der Wildpark Eekholt auch Spielattraktionen an – wie diesen hölzernen Riesen-Schmetterling.

kann man balancieren, klettern, hüpfen und dabei die eigenen Fähigkeiten mit denen der Tiere messen.

Ein besonderes Erlebnis sind die vom ausgebildeten Falknerteam von März bis Ende Oktober täglich präsentierten Flugvorführungen mit Eulen und Greifvögeln. Für besonders interessierte Besucher besteht die Möglichkeit, nach Terminabsprache einen „Tag mit dem Falkner" zu verbringen, an dem Einblicke in die Arbeit auf der Flugwiese und viele interessante Informationen zur Falknerei und den Greifvögeln und Eulen vermittelt werden. Ein Gutschein für diesen besonderen Tag ist auch ein beliebtes Geschenk, das per Telefon bestellt werden kann.

ErlebnisWald Trappenkamp, Tannenhof, 24635 Daldorf, Tel. 04328 170480, www.erlebniswald-trappenkamp.de

Auf spielerische Weise die Natur näherbringen möchte auch der **ErlebnisWald Trappenkamp**. Das ganze Jahr über lassen sich hier Naturschauspiele entdecken – im Wildfreigehege, auf Spaziergängen über Waldwiesen oder mitten in der

Stille des Waldes. Auf dem über 330 Hektar großen Gelände regen zahllose Spielräume das fantasievolle Spiel an. In beschwingter Freizeitatmosphäre werden im Wichtelwald, im Hochseilparcours oder im Schmetterlingsgarten Walderfahrungen „von den Wurzeln bis zu den Wipfeln“ gesammelt. Der ErlebnisWald Trappenkamp ist damit nicht nur ein idealer Lernort für den Gleichklang von Ökologie, Ökonomie und Sozialem und bildet das pädagogische Zentrum Wald des Landes Schleswig-Holstein, sondern auch ein Abenteuerspielplatz für Groß und Klein.

Das Rotwild gehört zu den größten Säugetieren unserer Heimat und lebt in Rudeln streng nach Geschlechtern getrennt. Nur zur Brunft treffen Hirsche und Hirschkühe zusammen.

Bad Segeberg
20
Bad Schwartau
Dassow
21
Lübeck
74
Schönberg
Reinfeld
Bad Oldesloe
Rehna
Bargteheide
Ratzeburg
82
Gadebus
1
Ahrensburg
Mölln
86
98
24
Zarrentin am
Schaalsee
Glinde
92
Schwarzenbek
Geesthacht
Elbe
Lauenburg
94
Boizenburg/Elbe
Winsen (Luhe)
39
Bleckede
Lüneburg
Hitzacker (Elbe
N
Bad Bevensen

Schleswig-Holstein
Östlich von Hamburg

Lübeck
Marzipan und Backsteingotik

Ihr Ansprechpartner vor Ort
Welcome Center (Touristbüro), Lübeck und Travemünde Marketing GmbH, Holstentorplatz 1, 23552 Lübeck, Tel. 0451 889970

Weitere Infos
www.luebeck.de, www.luebeck-tourismus.de, www.luebecker-verkehrsverein.de, www.die-luebecker-museen.de

Lübeck war schon immer einzigartig. Königin der Hanse für 500 Jahre und heute das Tor zur Ostsee, nach Skandinavien und zum Baltikum. 1143 von Adolf von Schauenburg gegründet, neu belebt durch Heinrich den Löwen 1157, wurde sie bereits 1226 von Kaiser Friedrich II. zur reichsunmittelbaren Stadt erklärt und blieb es bis 1937. Der Zweite Weltkrieg schlug ihr tiefe Wunden. Doch der sprichwörtliche hanseatische Bürgersinn hat es möglich gemacht, die berühmten sieben Türme der fünf großen Innenstadtkirchen Marienkirche, Dom, Aegidienkirche, Petrikirche und Jakobikirche sowie zahlreiche Bürgerhäuser, Gänge, Höfe und Klöster wiederherzustellen.

Das geschlossene Stadtbild wurde 1987 von der UNESCO zum Weltkulturerbe erklärt. Lübeck ist geprägt vom Wasser. Die Altstadtinsel, umflossen von Trave, Wakenitz und Elbe-Lübeck-Kanal, vermittelt auch heute noch den Charme und die Weltoffenheit einer Hafenstadt. Sowohl die Stadthäfen als auch der größte europäische Fährhafen in Lübeck-Travemünde machen deutlich, dass die Zeit nicht stehen geblieben ist. Tradition und Fortschritt sind in Lübeck keine Gegensätze, sondern sie bilden den Spannungsbogen, der diese Stadt so einzigartig macht. Mittelalterliches Ambiente und moderne Geschäfte. Orgelkonzerte in den fünf großen Stadtkirchen und Musikerlebnisse in der Musik- und Kongresshalle. In Lübeck liegt alles nah beieinander.

Altstadtspaziergang 1: Lübeck Auslese – vom Rathaus zum Marzipan-Salon

Dauer: ca. 45 Minuten ohne Besichtigungen
Marienkirche – Buddenbrookhaus – Schiffergesellschaft – Jakobikirche – Heiligen-Geist-Hospital – Museum Behnhaus Drägerhaus – Willy-Brandt-Haus – Günter-Grass-Haus – St. Katharinen – Rathaus – Café Niederegger mit Marzipan-Salon

Umwege erhöhen die Ortskenntnis – das zeigt dieser Rundgang zu Lübecks Auslese, den bekanntesten Sehenswürdigkeiten. Denn eigentlich liegt der Marzipan-Salon nur wenige Schritte vom Rathaus entfernt. Aber Sie sollen sich das leckere Konfekt ja erst verdienen!

Folgen Sie uns also durch den Rathaushof zur **Marienkirche**. Die von 1250 bis 1350 auf dem höchsten Punkt der Lübecker Altstadtinsel erbaute Bürger- und Marktkirche besitzt mit dem fast 40 Meter hohen Mittelschiff das höchste gemauerte Backstein-Kirchenschiff der Welt. In einer Gedenkkapelle im Südturm der Kirche sind die nach dem Bombenangriff vom 28./29. März 1942 herabgestürzten Glocken als Mahnmal erhalten. Nach Durchqueren der Kirche gelangen Sie auf der Nordseite zu einem stillen, baumbestandenen Platz. Gegenüber liegt das **Buddenbrookhaus** in der Mengstraße 4 – einst von der Familie der Schriftsteller Heinrich und Thomas Mann bewohnt, heute eines der beliebtesten Literaturmuseen Deutschlands, wo man wie in einem begehbaren Roman Räume aus den „Buddenbrooks" durchwandern kann. Biegen Sie nun nach rechts ab und gehen Sie bis zur Fußgängerzone Breite Straße. Lassen Sie sich vom Strom der Menschen nach links mitziehen bis zum Haus mit der Nummer 2 – imposanter Sitz der **Schiffergesellschaft**. Das historische Gebäude der im Spätmittelalter gegründeten Seefahrergilde beherbergt heute eine urige, maritim ausgestattete Gaststätte. Vis-à-vis lugt der Turm der **St. Jakobi-Kirche** über die Kaufmannshäuser. Sie wurde 1334 als Kirche der Seefahrer und Fischer geweiht

Weltberühmt durch einen Roman: Das Buddenbrookhaus in der Mengstraße.

Buddenbrookhaus/Heinrich-und-Thomas-Mann-Zentrum, Mengstraße 4, 23552 Lübeck, Tel. 0451 1224190, www.buddenbrookhaus.de, Jan.–März tägl. 11–17 Uhr, April–Dez. 10–18 Uhr

Das Heiligen-Geist-Hospital ist eines der bedeutendsten Bauwerke Lübecks und eine der ältesten Sozialeinrichtungen der Welt.

und blieb im Zweiten Weltkrieg unversehrt, daher ist die reiche, über Jahrhunderte gewachsene Innenausstattung, darunter die berühmte Stellwagen-Orgel, erhalten. Seit den 1950er-Jahren liegt in der nördlichen Turmkapelle ein Rettungsboot des 1957 untergegangenen Großseglers „Pamir" als Mahnmal.

Wenden Sie sich vor St. Jakobi auf der Kleinen Burgstraße nach Norden, Richtung **Burgtor**. Das neben dem Holstentor zweite erhaltene Stadttor

Lübecks wurde im spätgotischen Stil erbaut. Seinen Namen hat es von der alten, hoch über der Trave gelegenen Lübecker Burg, die 1227 zum **Burgkloster** umgebaut wurde. Gehen Sie nun stadteinwärts, schlendern Sie die Große Burgstraße entlang bis zum **Heiligen-Geist-Hospital**, einer der ältesten Sozialeinrichtungen Europas. Das 1286 vollendete Backsteingebäude mit den wertvollen Fresken, Lettnermalereien und Skulpturen im Inneren wurde noch bis 1970 als Altenheim genutzt. In den „Kabäusterchen" genannten Wohnkämmerchen im Langhaus der Kirchenhalle findet heute unter anderem der beliebte Kunsthandwerkermarkt Ende November/Anfang Dezember statt; die Kellergewölbe beherbergen ein Restaurant.

Weiter südlich erreichen Sie das **Museum Behnhaus Drägerhaus**, das in zwei miteinander verbundenen klassizistischen Stadtpalais die Lübecker Kunst- und Kulturgeschichte des 19. und frühen 20. Jahrhunderts präsentiert sowie Sonderausstellungen anbietet. In direkter Nachbarschaft liegt das **Willy-Brandt-Haus** mit einer spannenden Ausstellung zum Leben des aus Lübeck stammenden Politikers. Biegen Sie dann links in die Glockengießerstraße ein, und Sie kommen zum **Günter Grass-Haus**, in dem die vielfältigen Kunstwerke des Literaturnobelpreisträgers zu bewundern sind. Ein paar Schritte weiter sehen Sie schon die **Katharinenkirche**, einzige erhaltene Klosterkirche in Lübeck (vollendet 1356), mit dem berühmten „Fries der Lauschenden" des Bildhauers Ernst Barlach am Giebel. Das ehemalige Franziskanerkloster beherbergt seit der Reformation die Lateinschule Katharineum und die Stadtbibliothek. Folgen Sie nun der Königstraße bis zur **Hüxstraße**, Lübecks wunderschöner Einkaufsmeile. Biegen Sie

Heiligen-Geist-Hospital, Koberg 11, 23552 Lübeck, tägl. außer Mo. April–Dez. 10–17 Uhr, Okt.–März 10–16 Uhr

Museum Behnhaus Drägerhaus, Königstraße 9, 23552 Lübeck, Tel. 0451 1224148, tägl. außer Mo. Jan.–März 11–17 Uhr, April–Dez. 10–17 Uhr

Willy-Brandt-Haus, Königstraße 21, 23552 Lübeck, Tel. 0451 122425-0, Jan–März Di.–So. 11–17 Uhr, April–Dez. tägl. 11–18 Uhr, www.willy-brandt-luebeck.de, Eintritt frei

Günter Grass-Haus, Forum für Literatur und Bildende Kunst, Glockengießerstraße 21, 23552 Lübeck, Tel. 0451 122-4230, Jan.–März Di.–So. 11–17 Uhr, April–Dez. tägl. 10–17 Uhr

Blick vom Markt auf die Rückseite des Lübecker Rathauses. In die Schauwand mit ihren Turmreitern wurden 1435 große Löcher geschnitten, um den Winddruck zu verringern.

Rathaus Lübeck, Breite Straße 64, 23552 Lübeck, Tel. 0451 1221005, Besichtigung: Mo.–Fr. 11, 12 und 15 Uhr, Sa./So. 13.30 Uhr (soweit keine Veranstaltungen stattfinden)

Niederegger Einkaufserlebnis, Café und Marzipan-Salon, Breite Straße 89, 23552 Lübeck, Tel. 0451 5301-126/127, www.niederegger.de

nach rechts ab und gehen Sie auf das **Rathaus** zu. Dessen Bau begann 1230, kurz nach der Verleihung der Reichsfreiheit. Im Lauf der Jahre wurde es immer wieder verändert und erweitert. Mit seiner großen Schauwand, den kleinen Schmuckbalkonen und den drei Türmen zieht das Äußere alle Blicke auf sich. Im Inneren ist der Audienzsaal besonders sehenswert. Es werden regelmäßig Führungen durch das Rathaus angeboten. Schräg gegenüber liegt das heimliche Wahrzeichen Lübecks, das 1806 gegründete **Café Niederegger.** Hier warten als Belohnung schon eine Tasse Marzipan-Cappuccino und die original Marzipan-Nusstorte auf Sie. Der Marzipan-Salon im zweiten Obergeschoss nimmt den Besucher mit auf eine Zeitreise, welche die Mandelspezialität in vielen Jahrhunderten von ihrem orientalischen Ursprung bis in die Hansestadt an der Trave zurückgelegt hat. Unübersehbarer Anziehungspunkt sind die zwölf lebensgroßen Persönlichkeiten aus Marzipan von Hans Jakob Christoffel von Grimmelshausen über Thomas Mann bis hin zu Wolfgang Joop, allesamt Fans des berühmten Niederegger Marzipans.

Das Holstentor, das Wahrzeichen Lübecks, wurde in der zweiten Hälfte des 15. Jahrhunderts erbaut. Links sind die Türme von St. Marien, rechts der von St. Petri zu sehen, davor die Salzspeicher an der Trave.

Altstadtspaziergang 2: Lübecks Meisterklasse – vom Holstentor bis zur Aegidienkirche

Stein auf Stein: Dass aus vielen kleinen Ziegeln Gewaltiges entstehen kann, zeigt dieser Spaziergang zu Lübecks architektonischen Meisterwerken. Starten Sie mit uns am **Holstentor.** Das 1464–78 erbaute „Holstein-Tor", das die Innenstadt der Hansestadt Lübeck nach Westen begrenzt, ist das wohl bekannteste und bedeutendste erhaltene Stadttor des Spätmittelalters in Deutschland. Im Inneren befindet sich ein Museum zur Stadtgeschichte.

Überqueren Sie hinter den markanten **Salzspeichern** die Trave und biegen dann nach rechts in die Straße An der Obertrave ab. Linker Hand folgen Sie der Kleinen Petersgrube bis zum **Kolk** nach rechts, wo das **TheaterFigurenMuseum** liegt – eine faszinierende Sammlung von Marionetten und Handpuppen in schier unglaublicher Vielfalt auf vier

Dauer: ca. 60 Minuten ohne Besichtigungen
Holstentor - Salzspeicher - TheaterFigurenMuseum - St. Petri - Dom - Kunsthalle St. Annen und St. Annen-Museum - St. Aegidien - Hüxstraße - Marienkirche

Museum Holstentor, Holstentorplatz, 23552 Lübeck, Tel. 0451 122-4129, Jan.–März Di.–So. 11–17 Uhr, April–Dez. tägl. 10–18 Uhr

TheaterFigurenMuseum Lübeck, Kolk 14, 23552 Lübeck, Tel. 0451 78626, http://de.tfm-luebeck.com, April–Okt. tägl. 10–18 Uhr, Nov.–März Di.–So. 11–17 Uhr)

Im St. Annen-Museum, einem ehemaligen Nonnenkloster, findet man neben der einzigartigen Sammlung gotischer Schnitzaltäre auch zeitgenössische Kunst.

St. Petri Aussichtsturm (mit Fahrstuhl!), Am Petrikirchhof 1, 23552 Lübeck, tägl. April–Sept. 9–21 Uhr, Okt.–März 10–19 Uhr

Kunsthalle St. Annen und St. Annen-Museum, St.-Annen-Straße 15, 23552 Lübeck, Tel. 0451 1224137, tägl. außer Mo. Jan.–März 11–17 Uhr, April–Dez. 10–17 Uhr

Stockwerken. Gehen Sie den Kolk weiter bis zur Großen Petersgrube, an deren nördlichem Ende der Turm der **Petrikirche** aufragt. Einen vollendeten Eindruck der Millionen roter Ziegel bekommen Sie auf dem Turm; die Aussicht über das malerische Stadtbild ist einzigartig. Wieder unten, geht es durch Schmiedestraße, Pferdemarkt und Parade zum nächsten Meilenstein Lübecker Architektur: In einer der ruhigsten Ecken der Altstadt liegt der **Dom**, älteste Kirche des Gemeinwesens (Grundsteinlegung 1173) und eines der größten Backsteingewölbe Nordeuropas. Sehenswert ist auf der Nordseite das „Paradies", eine große Vorhalle aus dem 13. Jahrhundert. Im Inneren sind viele Kunstwerke zu bestaunen, die wie durch ein Wunder den Brand des Doms nach dem Bombenangriff 1942 überstanden haben.

Nach Norden zweigt das Fegefeuer ab, das in die St.-Annen-Straße mündet. Hier liegt das ehemalige Stift St. Annen, heute die **Kunsthalle St. Annen und St. Annen-Museum**.

Höhepunkt der größten Sammlung vollständig erhaltener Schnitzaltäre in Deutschland, die alle aus Lübeck selbst stammen, ist der Passionsaltar von Hans Memling von 1491. Hauptanziehungspunkt

St. Marien gilt als Vorbild der Backsteingotik im Ostseeraum. Ihr Mittelschiff ist über 40 Meter hoch, die Türme ragen mehr als 124 Meter in den Himmel.

des Bauwerkes sind die geschlossene gotische Raumfolge und der Kreuzgang, den man von der Eingangshalle her betritt. Beim Wandern durch die alte Klosteranlage taucht der Besucher in die mittelalterliche Welt der Nonnen ein und vergisst in dieser ruhigen und friedlichen Umgebung den Stress des Alltags.

Ein paar Schritte weiter liegt die kleinste der Altstadtkirchen, **St. Aegidien**, in einem verträumten Viertel mit vielen lauschigen „Gängen" und „Höfen", die zu einem Abstecher locken. Kopf einziehen, Schultern beugen und hinein! heißt es beim Betreten der oftmals schmalen und niedrigen Eingänge. Folgen Sie der St.-Annen-Straße in den Balauerfohr und biegen dann linker Hand in die **Hüxstraße** ab. Sie können den Rundgang mit einem kleinen Einkaufsbummel abschließen oder noch schnell einen Besuch bei der Königin der Backsteingotik machen, der mächtigen **Marienkirche** hinter dem Rathaus.

Die Inselstadt Ratzeburg

Weitere Informationen
Tourist-Information
Rathaus, Unter den Linden 1, 23909 Ratzeburg,
Tel. 04541 8000886,
www.ratzeburg-tourismus.de

Ernst Barlach Museum Ratzeburg
Barlachplatz 3, D-23909 Ratzeburg, Tel. 04103 918291,
www.ernst-barlach.de

Kreismuseum Herzogtum Lauenburg
Domhof 12, 23909 Ratzeburg, Tel. 04541 8607-0,
www.kmrz.de

Hotel – Restaurant Farchauer Mühle
Eva-Maria & Michael Sievers, Farchauer Mühle 6, 23909 Ratzeburg/Farchau,
Tel. 04541 86000,
www.farchauer-muehle.de

Hotel und Restaurant „Der Seehof", Lüneburger Damm 1–3, 23909 Ratzeburg,
Tel. 04541 86010-1,
www.der-seehof.de

Schifffahrt Ratzeburger See
Schlosswiese 6, 23909 Ratzeburg, Tel. 04541 7900,
www.schiffahrt-ratzeburg.de

Bootsverleih und Segelschule Peter Morgenroth
23909 Ratzeburg, Am Jägerdenkmal 1, Tel. 04541 83200, www.kanu-kanu.de

An vier Seen gelegen und gleichzeitig von einer waldreichen Landschaft umgeben, macht Ratzeburg (fast) alles möglich. Wer von Badespaß und Wassersport genug hat, entdeckt die Umgebung zu Fuß, mit dem Rad oder genießt eine der beschaulichen Dampferfahrten. Hören Sie hin, was der im 12. Jahrhundert vom Welfen-Herzog Heinrich dem Löwen (1129–1195) erbaute Dom und andere historische Denkmäler zu erzählen haben. Heute sind hier ländliche Idylle, Nostalgie und Moderne so perfekt vereint wie selten. Das quirlige Zentrum und die beschauliche Domhalbinsel sind nur ein paar Gehminuten voneinander entfernt, und von allen Seiten glitzert das Wasser der Seen.
Zu den historischen Schmuckstücken Ratzeburgs, 1062 erstmals urkundlich erwähnt, gehören neben dem **romanischen Backsteindom** auch das barocke **Herrenhaus am Domhof** (seit 1973 Sitz des Kreismuseums), das daneben liegende stattliche Bürgerhaus (seit 1973 Sitz des A. Paul Weber-Museums) sowie das alte **Kreishaus am Markt**, daneben die **Alte Wache** und das **alte Rathaus** – beide Verwaltungsgebäude wurden im klassizistischen Stil errichtet. Das Amtsgericht, das ehemalige Katasteramt und das Postgebäude sind nur einige der sehenswerten Gebäude, die auch heute noch Verwaltungssitz sind. Versteckte Wege zu den historisch bedeutsamen Gebäuden und Plätzen erschließen sich Ihnen auf dem **Löwenrundgang**, der einmal um die Insel herumführt. Das Faltblatt „Auf den Spuren des Löwen" mit einer Beschreibung aller 34 Stationen erhalten Sie kostenlos bei der Tou-

Der von Heinrich dem Löwen gestiftete romanische Dom wurde 1170 fertiggestellt. Zur Kirche gehören ein Kreuzgang und ein Friedhof.

Blick von Bäk über den Domsee auf die Domhalbinsel mit dem Dom (rechts) und dem Herrenhaus, in dem das Kreismuseum untergebracht ist.

rist-Information im Rathaus. Hier direkt am Ufer des Großen Ratzeburger Sees sollten Sie sich nicht den berühmten **Barlachpanoramablick** entgehen lassen. Ernst Barlach, einer der bedeutendsten deutschen Bildhauer, lebte in seiner Jugend (1876 bis 1884) für kurze Zeit in Ratzeburg. „Altes Vaterhaus“ nannte Barlach sein Elternhaus neben der St. Petri-Kirche. Im heutigen **Barlach Museum** sind wertvolle Bronzen, Bilder-Zyklen und ein Querschnitt aus seinen literarischen Werken ausgestellt.

Die Inselstadt Ratzeburg liegt mitten im **Naturpark Lauenburgische Seen**, einem der ältesten Naturparks Deutschlands. Eine liebenswert ländliche Region mit urigen Bauernhofcafés und einmalige Naturerlebnisse warten hier nur darauf, Besucher zu verzaubern. Ausgeschilderte Radwege führen durch idyllische Dörfer, Felder und Wiesen. Die Natur ist hier im Gleichgewicht, sodass sich auch seltene Großvögel wie der Seeadler, der Kranich

oder der Schwarzstorch heimisch fühlen. Immer wieder neue Ausblicke auf Ratzeburg und die schöne Umgebung bietet zum Beispiel die etwa 7,5 Kilometer lange Wanderung um den Großen Küchensee, mit Einkehrmöglichkeiten in der Farchauer Mühle und dem Seehof.

Wer ein bisschen mehr Action braucht, ist bei der **Erlebnisbahn Ratzeburg** an der richtigen Adresse. Hier steht die Fortbewegung durch den Naturpark Lauenburgische Seen auf muskelkraftbetriebenen Fahrzeugen im Vordergrund. So können Sie zum Beispiel auf Handhebeldraisinen die 13 Kilometer lange stillgelegte Bahnstrecke Ratzeburg bis Hollenbek „entlangpumpen". Außerdem gibt es eine Vielzahl verrückter Fahrräder wie das 6teambike, bei dem Sie mit sechs Personen um einen runden Tisch herum sitzen und strampeln. Ein ganz besonderes Erlebnis ist es auch, mit Hydrobikes übers Wasser zu radeln und so die Inselstadt Ratzeburg zu umfahren.

Erlebnisbahn Ratzeburg: Auf einer stillgelegten Bahnstrecke können Sie auf mit Muskelkraft betriebenen Draisinen 13 Kilometer zurücklegen.

Erlebnisbahn Ratzeburg GmbH
Im Bahnhof 1b, 23909 Ratzeburg, Tel. 04541 802535, www.erlebnisbahn-ratzeburg.de

Eulenspiegelstadt Mölln

Mit Schalk und Charme

Tourist-Information/ Kurverwaltung
Historisches Rathaus,
Am Markt 12, 23879 Mölln,
Tel. 04542 7090,
www.moelln-tourismus.de

Er trieb hier einst sein Unwesen: Till Eulenspiegel. Und noch heute gibt es in Mölln jede Menge Spuren des bekannten Narren zu bestaunen. Neben einem gewissen schalkhaften Charme punktet der Kneipp-Kurort vor allem mit seiner bezaubernden Lage zwischen Seen und Wäldern.

Hoch erhebt sich die mittelalterliche Backsteinkirche St. Nicolai über die **Möllner Altstadt**. Ein Gang rund um die Kirche bietet faszinierende Blickwinkel auf das Ensemble des historischen Marktes – die gute Stube der Stadt. Hier steht das Rathaus von 1373, das zweitälteste in ganz Schleswig-Holstein. Heute beherbergt es das Möllner Stadtmuseum. Der Überlieferung nach starb Till **Eulenspiegel** im Jahr 1350 in Mölln. Die Einwohner ehrten ihn 1530 mit einem Gedenkstein, der heute am Westportal der St.-Nicolai-Kirche eingemauert ist. Karlheinz Goedtke schuf 1950 die Eulenspiegelfigur auf dem Marktplatz. Tausende Besucherinnen und Besucher kommen jährlich, um sich Glück zu wünschen, indem sie Daumen und Fußspitze gleichzeitig berühren. Gegenüber dem Brunnen befindet sich das „Eulenspiegel Museum“ in einem reich verzierten Fachwerkgiebelhaus aus dem Jahr 1582.

Statue Till Eulenspiegels, der 1350 in Mölln starb, mit blanken Fußspitzen und Daumen von unzähligen Berührungen.

Blick über den Stadtsee auf die Altstadt mit der St. Nicolai Kirche von Mölln.

Den **Möllner Kurpark** aus dem Jahr 1966 entwarf der Hamburger Gartenarchitekt Gustav Lüttge (1909–1968). Er kombinierte ein streng geometrisch angelegtes Wasserbecken mit einer weiten Rasenfläche und einem naturnahen Graben. Eine symmetrisch gepflasterte Promenade steht frei schwingenden Wegen und Beeten gegenüber. Als eine der wenigen noch erhaltenen Gartenwerke der Nachkriegsmoderne in Schleswig-Holstein steht der Möllner Kurpark unter Denkmalschutz. Bei der 2011 abgeschlossenen Sanierung wurden die von Lüttge vorgesehenen Gartenbilder wie der Japangarten und der Rhododendron- und Azaleengarten wiederhergestellt und durch modern interpretierte Themengärten nach den fünf Säulen von Sebastian Kneipp (Wasser, Bewegung, Ernährung, Heilpflanzen, Ordnung) ergänzt. Neben Minigolf, Boule-Bahn sowie Schach- und Mühlebrett gibt es auch eine neue Veranstaltungsbühne.

Als hätte ein Riese mit Murmeln gespielt: Im Wildpark Mölln liegen tonnenschwere Findlinge herum. Sie kamen vor Tausenden von Jahren während der Eiszeit aus Skandinavien.

Der 20 Hektar große **Wildpark** liegt am östlichen Rand Möllns, nur ca. 15 Minuten Fußweg vom Stadtzentrum, eingebunden in das weitläufige Wanderwegnetz des Naturparks Lauenburgische Seen. Besondere Attraktionen sind der **„Grundlose Kolk“** – ein sagenumwobenes kleines Moor inmitten des alten Mischwaldes mit über 250-jährigen Buchen –, die großen Volieren mit einheimischen Eulen und Rabenvögeln, die Gehege mit Rehen, Hirschen, Wildschweinen und Ziegen (Füttern erlaubt!) sowie der **Findlingsgarten** mit mehr als 40 Steinen. Für die Kleinen gibt es einen Spielplatz mit großer Wiese zum Toben. Das Tourismus- und Naturzentrum für das Herzogtum Lauenburg **„erlebnisreich“** lädt Sie ein, die Region in einer interaktiven Ausstellung zu entdecken. Wohnt im Herzogtum ein Herzog? Welches Tier wird „Grus grus“ genannt? Und was ist „weißes Gold“? Die Antworten und vieles mehr finden Sie in der spannenden Ausstellung. Bestaunen Sie die Region in

Im Wildpark Mölln gibt es mehr als 30 heimische Tierarten zu entdecken, was nicht nur für Kinder lehrreich sein kann – hier eine Bache mit ihren Frischlingen.

stimmungsvollen Filmsequenzen oder „erfahren“ Sie Ihre nächste Radtour. Erleben Sie, wie die Eiszeit die Landschaft gestaltete, oder paddeln Sie im Kanusimulator über einen virtuellen See! Wer mag, startet hier zu einer Rallye mit dem Seeadler, begibt sich mit dem Fahrrad auf eine satellitengestützte Schatzsuche oder nimmt an einer der vielen Veranstaltungen teil, die Lust auf Natur machen.

Routenlänge
je nach Routenwahl zwischen 4 und 35 km

Startpunkt
Tourismus- und Naturzentrum „erlebnisreich“ in Mölln

Streckenverlauf/ Sehenswertes
Je nach Route durch die Möllner Altstadt, die Wald- und Seenlandschaft und den Naturpark Lauenburgische Seen.

Ausschilderung/GPS
GPS-Geräte werden zur Verfügung gestellt.

Aktivitäten für Kinder entlang der Strecke
Schatzsuche, Rätsel, Naturerlebnisse

Fahrrad-Verleih und -Service
Fahrräder (auch für Kinder) und Pedelecs können – nach vorheriger Anmeldung – direkt im „erlebnisreich“ in Mölln ausgeliehen werden.

Weitere Informationen und Buchung
erlebnisreich – das Tourismus- und Naturzentrum, Hauptstraße 150, 23879 Mölln, Tel. 04542 85 68 60, www.hlms.de. Geöffnet Mo.–Fr. 10–18 Uhr, Sa./So./Fei. 10–17 Uhr (Winter 10–16 Uhr)

Schnitzeljagd per Satellit – Schatzsuche im Fahrradsattel

„Geocaching“ heißt das Zauberwort, das eine Fahrradtour oder Wanderung zur spannenden Schatzsuche werden lässt. Auf der Suche nach der „verlorenen Koordinate“ lässt sich ein echter Schatz mittels Global Positioning System (GPS) erradeln, erwandern und errätseln.
In der Eulenspiegelstadt Mölln starten die Schatzjäger. Sie haben die Wahl: Es stehen vier verschiedene Angebote zu Fuß und per Fahrrad zur Verfügung. Für jede Altersstufe ist etwas dabei! Die Einweisung in die Geräte und ins Geocaching erfolgt im Tourismus- und Naturzentrum **„erlebnisreich“**. Ein Rundgang durch die interaktive Ausstellung versorgt die Gäste ganz nebenbei noch mit zahlreichen Informationen über das Herzogtum Lauenburg. Mit GPS-Gerät und Kartenmaterial ausgerüstet geht es schließlich los zur Schnitzeljagd. An unterschiedlichen Orten entlang der Route warten entweder Rätsel oder kleine versteckte Begriffe auf die Radler und Wanderer. Zählen, messen, schätzen: Die Antworten lassen sich nur an Ort und Stelle herausfinden, und für die versteckten Begriffe benötigt man ein gutes Auge. Wer alle Aufgaben meistert, findet am Ende die „verlorene Koordinate“, die zum versteckten Schatz führt.
Folgende Angebote sind im Tourismus- und Naturzentrum „erlebnisreich“ in Mölln buchbar:
„erlebnisreiche Schatzsuche“: 4 Kilometer lange Wanderung mit 6 Rätselstationen in der Möllner Waldlandschaft, besonders gut für Familien und Schulklassen geeignet.
„Till's Schatz“: Rätseltour durch die Möllner Altstadt, für Familien mit älteren Kindern, Schüler

Der Pinnsee ist einer der vielen Seen im Naturpark Lauenburgische Seen.
Er liegt unweit von Mölln in einer Talsenke und ist von Wald umgeben. An seinem Ostufer wurde ein kleiner Badestrand angelegt.

weiterführender Schulen und Betriebsausflüge geeignet.
„Schatz der 7 Seen“: 20 Kilometer lange Radtour oder Wanderung mit 15 Suchstationen in der Möllner Seen- und Waldlandschaft, für Familien mit älteren Kindern und Betriebsausflüge gut geeignet.
„Schnitzeljagd per Satellit“: 35 Kilometer lange Radtour mit 6 Rätselstationen im Naturpark Lauenburgische Seen, besonders für Familien und kleine Gruppen geeignet.
In jedem Angebot sind die Einweisung in die GPS-Technik, GPS-Geräte, Info- und Kartenmaterial sowie ein echter Schatz für jeden Teilnehmer enthalten.

Der Sachsenwald
Ein wahrhaft fürstliches Erlebnis

Der idyllische Mühlenteich in Aumühle wurde vor mehr als 600 Jahren angelegt. Die Kornmühle ist aber seit den 1950er Jahren nicht mehr in Betrieb.

Der **Sachsenwald** liegt nur 20 Kilometer östlich von Hamburg und ist eng mit dem Namen Bismarck verknüpft. Als Dank für die Verdienste bei der Reichsgründung 1871 hatte Kaiser Wilhelm I. Otto von Bismarck (1815–1898) das größte Waldgebiet Schleswig-Holsteins geschenkt, das bis heute noch zu großen Teilen von der Familie bewirtschaftet wird. Um der großen weiten Welt auch weiterhin nahe zu sein, ließ der Fürst direkt an der Bahnstrecke Hamburg–Berlin ein ehemaliges Gasthaus umbauen und genoss hier seinen Ruhestand. An seinem Lieblingsplatz mit Blick über **Friedrichsruh** ließ sein Sohn Herbert eine Kapelle errichten, in der Otto von Bismarck mit seiner Frau bestattet wurde. Viele Erinnerungsstücke an den ehemaligen Reichskanzler, unter anderem sein originalgetreu wieder aufgestelltes Arbeitszimmer, finden sich im **Bismarck-Museum** im „Alten Landhaus".

Idealer Ausgangspunkt für **Wanderungen** und **Radtouren** durch die grüne Lunge sind Aumühle und Friedrichsruh, die in gut 30 Minuten mit der S-Bahn vom Hamburger Hauptbahnhof zu erreichen sind. Von hier starten mehrere gut ausgeschilderte Wege von 4 bis 12 Kilometer Länge.

Der **Kupferweg** zum Beispiel ist insgesamt etwa 5,5 Kilometer lang und beginnt am Bahnhof Friedrichsruh. Von hier geht es bei der Bismarck Stiftung durch die von Fürstin Elisabeth von Bismarck selbst angemalte, surrealistische Unterführung, welche allein schon einen Spaziergang wert ist. Dann führt der Spaziergang entlang des Schlosswegs bergab Richtung Norden, am historischen Marstall und dem Bismarck Museum vorbei. Hier hält man sich links und wandert circa 50 Meter entlang der Rosenstraße (L208), dann geht es rechts den Ödendorfer Weg hoch. Man passiert nun das

Bismarck-Museum
Am Museum 2, 21521 Aumühle, Tel. 04104 2419, www.sachsenwald.de/bismarckmuseum

Einkehrmöglichkeiten
Forsthaus Friedrichsruh Ödendorfer Weg 5, 21521 Friedrichsruh, Tel. 04104 692366, www.forsthaus-friedrichsruh.de

Waldesruh am See, Am Mühlenteich 2, 21521 Aumühle, Tel. 04104 69530, www.waldesruh-am-see.de

Weitere Informationen
www.sachsenwald.de,
www.aumühle.de,
www.vvm-museumsbahn.de

Restaurant Forsthaus Friedrichsruh. Nach 200 Metern geht es links auf den Kupferwanderweg. Dieser ist mit den Wanderwegziffern 2 und 4 versehen. Man folgt den Markierungen an den Bäumen mit den „4en". Der Weg führt circa 200 Meter parallel der L 208 entlang. Nach 1,2 Kilometern geht es dann rechts den Markierungen mit der „4" folgend in Richtung Südostost gute 900 Meter bis zum Ödendorfer Weg. Hier dreht man nach rechts. 300 Meter weiter geht es links auf den Kupferweg, der zum Kupferteich und der ursprünglichen Kupfermühle führt. Nach 700 Metern hält man sich rechts und folgt dem Weg auf etwa 900 Metern, bis dieser wieder auf den Ödendorfer Weg stößt. Nun geht es links zum Museum und danach wieder hoch zum Friedrichsruher Bahnhof.

Im Herzen des Sachsenwaldes liegt in Friedrichsruh der Garten der Schmetterlinge. Hier fliegen farbenprächtige Falten aus aller Welt.

Technikliebhaber können einen Abstecher ins **Eisenbahnmuseum Lokschuppen Aumühle** machen. Der Zugang zum Museum, das sonntags zwischen 11 und 17 Uhr geöffnet ist, befindet sich am nördlich der Bahnstrecke verlaufenden Waldweg Aumühle-Friedrichsruh. Besonderer Anziehungspunkt ist eine Fahrt mit der Handhebeldraisine von 1920. Ihre Herkunft ist nicht genau geklärt, sie wurde 1990 mit total vermoderten Holzteilen in der Schrottecke der AKN-Werkstatt Tiefstack aufgefunden.

Lokschuppen Aumühle Eisenbahnmuseum
Am Gleise 6, 21521 Aumühle, Tel. 04104 1791, www.vvm-museumsbahn.de

Bei Kindern besonders beliebt ist auch der **Garten der Schmetterlinge** in Friedrichsruh, der vor 25 Jahren von Fürstin Elisabeth von Bismarck gegründet wurde. Im Herzen des Sachsenwaldes, in den historischen Gewächshäusern des Kanzlers, kann die tropische Farbenpracht frei fliegender Falter aus Südamerika, Afrika und Asien bewundert werden.

Garten der Schmetterlinge
Am Schlossteich 8, 21521 Friedrichsruh, Tel. 04104 6037, www.garten-der-schmetterlinge.de

Lauenburg/Elbe

Alte Schifferstadt am Strom

Der 1477 erbaute, mächtige Geschützturm ist das Wahrzeichen Lauenburgs. Nur dieses Bollwerk mit zwei Meter dicken Mauern, Schießscharten und Pulverkammer und der östliche Schlossflügel haben den großen Brand von 1616 überstanden.

Die 800 Jahre alte Schifferstadt im Süden Schleswig-Holsteins teilt sich in die Ober- und die Unterstadt. Hoch oben am Hohen Elbufer thront das **Lauenburger Schloss**. Von der großen Schlossanlage der Herzöge von Sachsen-Lauenburg ist nur noch ein Flügel erhalten, der heutige Verwaltungssitz. Der Rest fiel 1616 einem Brand zum Opfer. Ältester Teil des Schlosses und heute noch zu besichtigen: der **Schlossturm** von 1477. Vom bekannten Askanierblick am Schlossplatz aus eröffnet sich eine herrliche Aussicht über die Elbtalauen ins Dreiländereck und über die Dächer der Stadt.

So wie die Oberstadt für ihren Ausblick bekannt ist, überzeugt die Unterstadt, direkt an der Elbe gelegen, mit herrlichen Anblicken. Hier befindet sich das Herz der historischen **Altstadt**, die Elbstraße mit ihren liebevoll restaurierten bunten Fachwerkhäusern. Begrüßt wird man am Ruferplatz von der Symbolfigur Lauenburgs, dem **Rufer**. Das **Elbschiffahrtsmuseum**, die **Maria-Magdalenen-Kirche** aus dem 13. Jahrhundert sowie das **Mensingsche Haus**, das älteste Bürgerhaus Lauenburgs, sind nur einige reizvolle Stationen, die es bei einem Besuch nicht zu verpassen gilt. Kleine Stübchen mit kreativen Kostbarkeiten und romantische Kunstateliers laden zum Stöbern und Verweilen ein, und Restaurants und Cafés locken mit regionalen Spezialitäten inklusive Elbpanorama.

Wer die Schifferstadt zu Fuß erkunden möchte, kann aus drei Rundwanderwegen wählen – Auenwanderweg (9 km), Elbwanderweg (5 km), Mühlenwanderweg (5 km).

Der Rufer, eine Bronzeplastik, steht unmittelbar an der Elbe. Er symbolisiert die über 700-jährige Tradition der Elbschifffahrt.

Lauenburg ist außerdem ein optimaler Ausgangspunkt für Schiffsfahrten und Radwanderungen. Die Stadt liegt an einem Wasserstraßenkreuz, das über die Elbe Hamburg mit Berlin, Prag und Dresden verbindet, das über den Elbe-Lübeck-Kanal über 62

Blick auf die Lauenburger Altstadt mit der Elbe und der Maria-Magdalenen-Kirche.

Kilometer in die Ostsee führt und das über den Elbeseitenkanal die Elbe mit dem westdeutschen Kanalsystem verzahnt. Der **Museumsraddampfer „Kaiser Wilhelm“** lädt von Ende Mai bis Ende September regelmäßig zu nostalgischen Fahrten auf dem großen Strom ein, zum Beispiel nach Bleckede mit dem Biosphaerium Elbtalaue (siehe Seite 184). Zahlreiche ehrenamtliche Helfer sorgen dafür, dass das 1900 vom Stapel gelaufene Schiff unter Dampf bleibt. Alternative erlebnisreiche Schiffstouren führen unter anderem über den Elbe-Seiten-Kanal zum weltgrößten Doppelsenkrecht-Schiffshebewerk in Scharnebeck (siehe Seite 180) oder über den Elbe-Lübeck-Kanal in Richtung Mölln.

Ein Zeugnis der langen Schifffahrtsgeschichte ist die **Palmschleuse** am östlichen Stadtrand von Lauenburg, besterhaltenes Bauwerk der ehemaligen Stecknitzfahrt, ein Kanalsystem, das seit 1398 die beiden großen Hansestädte Hamburg und Lübeck verband. Das aus Holz gebaute Bauwerk war mehr

Weitere Informationen und Zimmervermittlung
Tourist-Information Lauenburg/Elbe, Amtsplatz 4, 21481 Lauenburg/Elbe, Tel. 04153 51251, www.lauenburg.de

Fahrradverleih
Pedelecs (E-Bikes) können – nach vorheriger Anmeldung – direkt in der Tourist-Information Lauenburg/Elbe gemietet werden

Der Museumsraddampfer „Kaiser Wilhelm" ist einer der letzten noch fahrenden kohlebefeuerten Schaufelraddampfer in Deutschland.

als 300 Jahre im Dienst, bis es (1724) durch einen Steinbau ersetzt wurde. Die Schleuse blieb bis zur Einstellung der Schifffahrt auf dem Stecknitz-Kanal 1896 in Betrieb. Heute erinnert die Palmschleuse, als eine der ältesten Kammerschleusen Europas an eine über 600 Jahre alte Wasserstraße.

Frischen Wind genießt man bei einer Radtour auf dem beliebten Elberadweg entlang des großen Stroms oder entlang der Alten Salzstraße auf den Spuren des „weißen Goldes". Abwechslungsreiche Radtourentipps hält die Tourist-Information Lauenburg/Elbe bereit.

Die Altstadt von Lauenburg mit ihren malerischen bunten Fachwerkhäusern.

Restaurant
Brau- und Brennhaus
ANNO 1633

Rund um den Schaalsee

Länge der Tour
45 km

Dauer
4 h

Tourencharakter
Die Radtour führt auf kleinen Straßen durch die vielfältige Kulturlandschaft rund um den Schaalsee und seine Nachbargewässer. Beste Jahreszeit: Frühling, Sommer, Herbst

Ausgangs- und Endpunkt
Zarrentin, Parkplatz beim Infozentrum PAHLHUUS

Weitere Informationen
PAHLHUUS Informationszentrum des Biosphärenreservats Schaalsee, Wittenburger Chaussee 13, 19246 Zarrentin am Schaalsee, Tel. 038851 3020, www.schaalsee.de, geöffnet März bis Okt. Di–So 9–17 Uhr

Schaalsee-Info, 19246 Zarrentin am Schaalsee, Hauptstraße 15, Tel. 038851 333435, www.schaalsee-info.de

Radtour

Willkommen in einer Landschaft, wie sie in Mitteleuropa nicht noch einmal zu finden ist. Der an der Landesgrenze zwischen Schleswig-Holstein und Mecklenburg-Vorpommern gelegene 24 Quadratkilometer große **Schaalsee** ist ein wahres Naturparadies. Von 1952 bis 1990 lagen weite Teile dieser Endmoränen-Landschaft im Sperrgebiet der innerdeutschen Grenze. Dadurch konnten hier viele gefährdete Tier- und Pflanzenarten weitgehend ungestört überleben, sodass das Gebiet im Jahr 2000 als UNESCO Biosphärenreservat ausgewiesen wurde. Daran schließt sich auf schleswig-holsteinischer Seite der 1960 gegründete Naturpark Lauenburgische Seen an.

Wer einmal durch die direkt bis an den See reichenden Wälder geradelt oder gewandert ist, wird sich dem besonderen Flair dieser Landschaft kaum entziehen können. Immer wieder öffnen sich überraschende Durchblicke auf den See, laden Badeplätze zum Verweilen ein oder überreden uns Gasthäuser, die wohlverdiente Pause einzulegen. Eine Rundtour, die vor allem für Naturinteressierte reizvoll ist.

Wegverlauf

Bevor es in Zarrentin am Informationszentrum richtig losgeht, zuerst das Rad stehen lassen, denn das **Informationszentrum PAHLHUUS** des Biosphärenreservats Schaalsee bietet anschauliche Erklärungen zu Natur und Landschaft. Unterhalb vom Pahlhuus kann man von einem Moorlehrpfad aus viele seltene Pflanzenarten entdecken.
In **Zarrentin** in der Hauptstraße 15 befindet sich die „Schaalsee-Info". Hier erhalten Sie regionale

Der knapp 72 Meter tiefe Schaalsee ist ein besonders intaktes Refugium der Natur. Wer Glück hat, kann hier sogar Seeadler im Flug beobachten.

Produkte, Informationsmaterial und können Fahrräder ausleihen (am besten vorher reservieren). Von Zarrentin nach Norden: Am **Kloster Zarrentin** (unbedingt besichtigen!) vorbei geht es zur Halbinsel Strangen. Der Schaalsee ist ein Produkt der letzten Eiszeit. Tief spülte das Schmelzwasser den See aus, der heute bis zu 72 Meter tief ist. Mit den vielen kleinen und großen Nachbarseen ist er das Zuhause unter anderem von Fischotter und Seeadler. In der abwechslungsreichen Landschaft können Sie

Der älteste Teil der St. Abunduskirche von Lassahn, der quadratische Chor mit der Sakristei aus Feldstein, stammt aus den Jahren um 1240. Von hier aus hat man einen herrlichen Blick auf den Schaalsee.

Einkehrmöglichkeiten
Fischhaus am Schaalsee, Amtsstraße 11, 19246 Zarrentin, Tel. 038851 5599-0, www.fischhaus-schaalsee.de

Restaurant „Maräne", Dorfstraße 12, 23883 Groß Zecher, Tel. 04545 1371, www.restaurant-maraene.de

„Zur Kutscherscheune" Café und Restaurant, Lindenallee 15, 23883 Groß Zecher, Tel. 04545 801, www.kutscherscheune.de

„Forsthof Kneese", Frau Kalbfleisch, Hauptstraße 15, 19205 Kneese Dorf, Tel. 038876 31376, info@forsthof-kneese.de

Brückenhaus am Schaalsee – Fischerei & Gastronomie, Stintenburginsel, Klopstockweg 1, 19246 Stintenburg b. Zarrentin am Schaalsee, Tel. 038858 22719, www.brueckenhausam schaalsee.de

50 Libellenarten und mehr als 240 Vogelarten beobachten. Der See ist Naturschutzgebiet und darf deshalb nur mit registrierten Booten befahren werden. Einen Bootsverleih finden Sie in Zarrentin. Bitte baden Sie nur an ausgewiesenen Badestellen, es gibt sie in fast allen Ortschaften. Eine besonders schöne Badestelle mit Strand und Liegewiese finden Sie in **Groß Zecher**. Dort sollten Sie sowieso unbedingt Rast machen, denn in der „Maräne" gibt es die besten Hechtklößchen weit und breit. Und in unmittelbarer Nähe der Liegewiese am See lädt die „Kutscherscheune" zum Verweilen ein.
Weiter geht's nach **Seedorf**. An der St.-Clemens-St.-Katharinen-Kirche und dem Seedorfer Schloss vorbei führt ein Rad- und Wanderweg über den bewaldeten Seedorfer Werder, bevor es durch die Felder weiter bis Kittlitz geht. **Badestellen** gibt es im Ort Seedorf (vor dem „Gasthof am See") , hinter dem Werder am Pipersee und in Dargow.
Die Verbindungsstraße von Kittlitz nach Dutzow konnte erst 1993 eingeweiht werden, als eine Brücke über den alten Grenzgraben fertiggestellt war. Um jeden Kontakt Richtung Westen zu unterbinden, stand in Dutzow bis zur Wende eine hohe Mauer. Das Ostufer des Schaalsees war früher

Stille Badestellen und einsame Stege laden zum Schwimmen - vielleicht auch zum Träumen - ein.

Sperrgebiet und durfte nicht betreten werden. Die Natur konnte sich so über Jahrzehnte ungestört entwickeln.

Auf schmalen Straßen führt die Fahrt nach Kneese, wo Sie im „Forsthof Kneese“ ein charmantes Café zur Einkehr einlädt. Weiter geht es in Richtung **Lassahn** (unbedingt die zwischen 1190 und 1250 erbaute St. Abunduskirche ansehen, von deren Friedhof herrlicher Weitblick auf den See) durch diese besonders abwechslungsreiche Landschaft. Beobachten Sie auf den Wiesen Kraniche, Störche und Graugänse!

Am südlichen Ortsrand von Lassahn führt eine Allee zur **Stintenburginsel**, die schon der Dichter Friedrich Gottlieb Klopstock bemerkenswert fand. Hier sollten Sie im Restaurant Brückenhaus direkt am See eine längere Pause einlegen.

Zurück auf der Hauptstraße biegen Sie nach rechts und nach einem Kilometer nach links Richtung **Neuenkirchen** ab. Am Ostufer des Neuenkirchener Sees verläuft ein wunderschöner Waldweg unter alten Bäumen. Am benachbarten Boissower See erwartet Sie am Ufer ein Beobachtungsstand. Von Boissow sind es dann 3,5 Kilometer zurück nach Zarrentin.

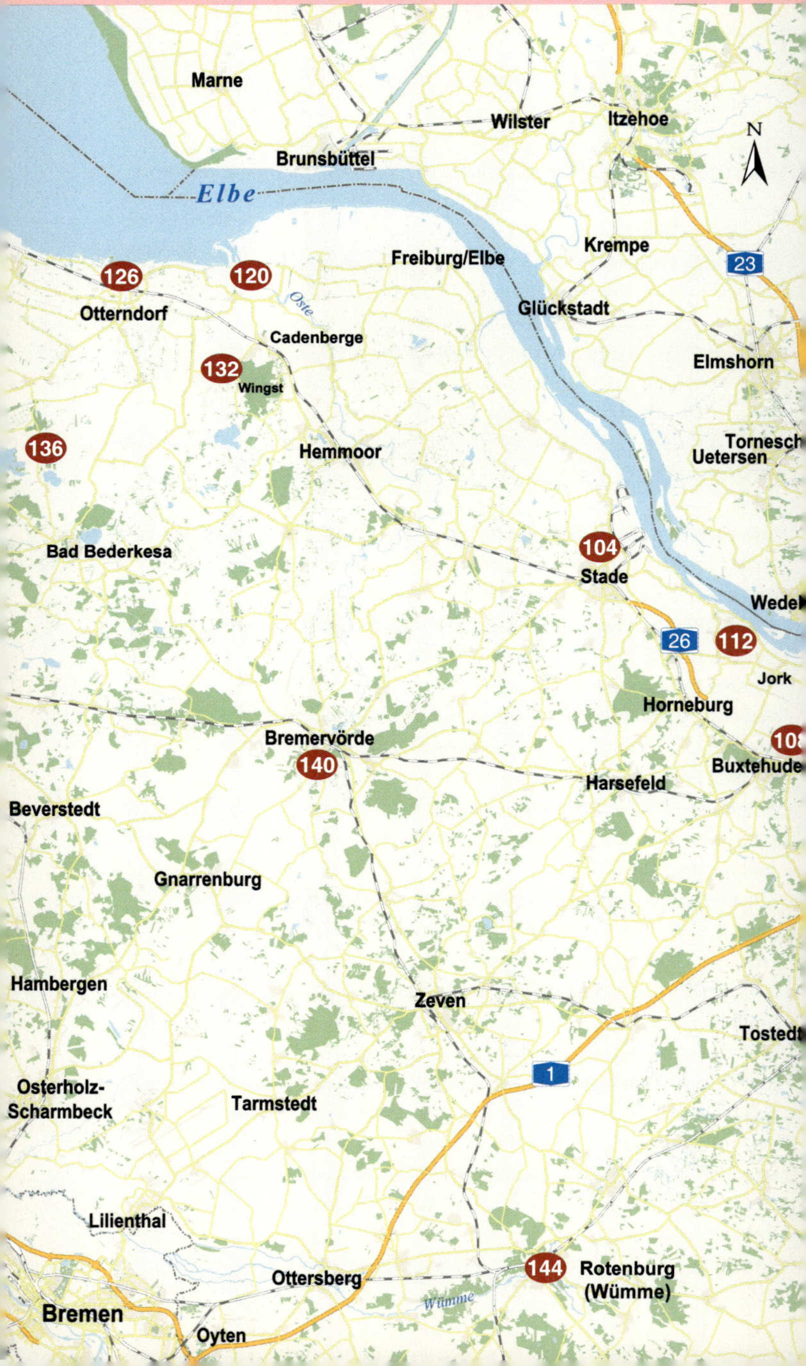

Marne
Wilster
Itzehoe
N
Brunsbüttel
Elbe
Krempe
23
Freiburg/Elbe
126
120
Oste
Otterndorf
Glückstadt
Cadenberge
Elmshorn
132
Wingst
136
Hemmoor
Tornesch
Uetersen
Bad Bederkesa
104
Stade
Wedel
26
112
Jork
Horneburg
Bremervörde
140
Buxtehude
Harsefeld
Beverstedt
Gnarrenburg
Hambergen
Zeven
Tostedt
1
Osterholz-
Scharmbeck
Tarmstedt
Lilienthal
144
Rotenburg
(Wümme)
Ottersberg
Wümme
Bremen
Oyten

Niedersachsen
Westlich von Hamburg

Stade

Und seine wunderschöne Altstadt

Weitere Informationen
STADE Tourismus-GmbH, Tourist-Information am Hafen, Hansestraße 16, 21682 Stade, Tel. 04141 409170, www.stade-tourismus.de

Ein Spaziergang durch die Altstadt
Wasser spielt in Stade die Hauptrolle: So auch am Alten Hansehafen neben den vielen schmucken Bürgerhäusern aus dem 17. Jahrhundert. Einer der schönsten Plätze ist sicherlich der Fischmarkt mit seinem rekonstruierten Holztretkran, umrahmt von Kaimauern und herrlichen Fachwerkhäusern. Weiter geht der Weg an dem barocken Turm der St. Cosmae-Kirche vorbei zum Rathaus, dessen gotische Kellergewölbe den großen Brand von 1659 überstanden haben. Das Rathaus selbst ist ein von der niederländischen Renaissance und vom Frühbarock geprägter Backsteinbau. Ganz in der Nähe liegt der Pferdemarkt mit dem Zeughaus aus dem 17. Jahrhundert in der Mitte.

Der Hansehafen, die winkligen Gassen, die gut erhaltenen Fachwerkhäuser, der Festungsring und die Umgebung, das Alte Land, machen die Stadt an der Schwinge zu einem Kleinod. Zu Recht schmückt sich **Stade** seit 2009 auch wieder offiziell mit dem Titel Hansestadt.

Nach Ansicht von Historikern und Archäologen war Stade schon vor der Verleihung der Stadtrechte und lange vor Hamburg einer der bedeutendsten Handelsplätze im Norden.

Schon anno 994 wird Stade – oder besser „Stethu“ – erstmals schriftlich erwähnt. Schnell entwickelt sich der kleine Marktflecken an der Unterelbe zu einem wichtigen Hafen- und Handelsplatz. Und 1209 ist es dann soweit – Stade erhält sein eigenes Stadtrecht.

Bereits im Mittelalter gehörte die Stadt der Handelsorganisation der Hanse an.

Kaum war der neue Hafen am Spiegelberg angelegt, fuhren auch schon die ersten Stader Kaufleute bis Holland und Dänemark. Durch die schwedische Eroberung 1645 wandelt sich Stade mehr und mehr zur Garnisons- und Verwaltungsstadt und gehört rund 70 Jahre zur schwedischen Krone (bis 1712). Der 26. Mai 1659 ist ein rabenschwarzer Tag für die Stadt. Der „Große Brand“ zerstört zwei Drittel aller Häuser.

Auf den alten Grundmauern wird die Stadt wieder aufgebaut. Ein Glück für Stade – denn dadurch verfügt die **Altstadt** heute noch über kleine Geschäftsläden mit viel Charme in winkligen Gassen sowie gemütliche Cafés und Restaurants direkt am Wasser.

Stadtplan der historischen Altstadt Stade

1 STADE Tourismus-GmbH
2 Rathaus
3 Kirche St. Cosmae et Damiani
4 Kirche St. Wilhadi
5 Dreigeschossiges Traufenhaus
6 Hökerhus
7 Holzkran
8 Kunsthaus Stade
9 Bürgermeister-Hintze-Haus
10 Knechthausen
11 Hahnentor
12 Zeughaus
13 St. Johanniskloster
14 Kreisjugendmusik-schule
15 Senatorenhaus
16 Kramerhus

Museen:
17 Schwedenspeicher-Museum
18 Freilichtmuseum
19 Heimatmuseum
20 Baumhausmuseum
46 Technik- und Verkehrs-museum
47 Patenschaftsmuseum Goldap in Ostpreußen

Die Museen

Das **Schwedenspeicher-Museum** erstrahlt seit 2011 in neuem Glanz. Eine modern konzipierte Dauerausstellung zur Stadtgeschichte und eine einzigartige Präsentation zum Thema Hansezeit machen Lust auf eine Reise in die Vergangenheit. Das **Kunsthaus** lockt mit hochkarätigen Werken namhafter Künstler und genießt deshalb nicht nur in Künstlerkreisen einen hervorragenden Ruf. Das **Baumhausmuseum** am Wasser Ost beherbergt ansehnliche Zeugnisse und Kostbarkeiten aus Haushalten und Betrieben der Innenstadt. Das **Freilichtmuseum** auf einer Insel inmitten der Stadt mit der Bockwindmühle, dem Altländer Bauernhaus, dem Geesthaus und diversen Nebengebäuden sowie dem reichhaltigen Interieur spiegelt das Leben auf den Höfen in der Marsch und auf der Geest bei Stade wider. Das **Heimatmuseum** gibt Einblicke in die bürgerliche Wohnkultur des 19. Jahrhunderts. Das **Patenschaftsmuseum Goldap** erinnert mit sei-

Schwedenspeicher-Museum
Wasser West 39,
21682 Stade,
Tel. 04141 79773-0
Öffnungszeiten:
www. museen-stade.de/schwedenspeicher

Kunsthaus Stade
Wasser West 7,
21682 Stade, Tel.
04141 79773-20
www.kunsthaus-stade.de

Baumhaus-Museum
Wasser Ost 28,
21682 Stade,
Tel. 04141 45434
Öffnungszeiten:
April–Okt. Sa. 15–18 Uhr, So. 14–18 Uhr; Nov.–März So. 15–17 Uhr und nach Vereinbarung

Freilichtmuseum auf der Insel
Auf der Insel 2,
21680 Stade,
Tel. 04141 951821
Öffnungszeiten:
Mai–Sept. Di–So 10–13 + 14–17Uhr

Stade mit seinen malerischen Gassen und seiner Fachwerkarchitektur liegt am Fluss Schwinge. Die Hafen- und Handelstadt kann auf eine 1000-jährige Geschichte zurückblicken. Im Bild der Hansehafen mit Schwedenspeicher (rechts), der während der 67 Jahre dauernden Besetzung der Stadt durch die Schweden als Lagerhaus erbaut wurde.

ner Sammlung an den ehemaligen ostpreußischen Landkreis Goldap. In einem alten **Holztretkran** am Hansehafen informiert eine Dauerausstellung über die Stader Hafengeschichte. Das denkmalgeschützte Küstenmotorschiff **GREUNDIEK** im Stadthafen ist ein voll betriebsfähiges Museumsschiff. Alle Museen und weitere Sehenswürdigkeiten im Überblick: www.stade-tourismus.de

Heimatmuseum
Inselstraße 12,
21682 Stade,
Tel. 04141 797730
Das Museum ist vorübergehend geschlossen.

Patenschaftsmuseum Goldap
Harsefelder Straße 44, 21682 Stade
Öffnungszeiten: Mi. 13–16.30 Uhr
Termine nach Vereinbarung, auch für Gruppen, unter Tel. 04142 3552 (Familie Trucewitz)

Holztretkran
Fischmarkt, 21682 Stade, c/o Dieter-Theodor Bohlmann,
Tel. 04141 83350
Täglich geöffnet

GREUNDIEK
Betreiber:
„Verein Alter Hafen Stade e.V."
Ansprechpartner Klaus Nagel,
Tel. 04141 83932
Öffnungszeiten nach Absprache

Buxtehude
Auf den Spuren von Has' und Igel

Weitere Informationen
Stadtinformation Buxtehude, Viverstraße 1, 21614 Buxtehude, Tel. 04161 5012345, www.buxtehude.de

Buxtehude • Museum für Regionalgeschichte und Kunst, Stavenort 2, 21614 Buxtehude, Tel. 04161 5012333, www.buxtehude.de
Öffnungszeiten: Di.–Fr. 14–17 Uhr, Sa./So. 11–17 Uhr sowie nach Vereinbarung

Buxtehuder Märchengesellschaft e.V., Westpreußenweg 46, 21614 Buxtehude, www.buxtehuder-maerchengesellschaft.de

Einkehrmöglichkeit
Restaurant „Amadeus", Lange Straße 25, 21614 Buxtehude, Tel. 04161 54961 o. 54962, www.amadeus-buxtehude.de

„Ick bün all dor", sagt der Igel zum Hasen und befindet sich – in Buxtehude! So bekannt sind die Geschichten vom Wettlauf von Hase und Igel und vom „Hund, der mit dem Schwanz bellt", dass mancher ganz überrascht ist, dass es das „märchenhafte" **Buxtehude** wirklich gibt. Die 40 000-Einwohner-Stadt liegt etwa 30 Kilometer südwestlich von Hamburg. Ihre Geschichte beginnt mit dem 959 erwähnten Königsgut Buochstadon (Buchenstätte), daraus wurde im 13. Jahrhundert die Stadt Buxtehude. Marsch, Moor, Geest und die Flussaue der Este prägen die Landschaft in der Umgebung. Tausende Besucher werden jedes Jahr von der Obstbaumblüte im nahe gelegenen Obstgarten **Altes Land** angezogen. Besonders reizvoll ist Buxtehudes **Altstadt** mit der Flethanlage, dem Viver (Stadtgraben) und den historischen Bürgerhäusern. Bei einem Bummel durch die wunderschöne Märchen- und Hansestadt fällt es leicht, Nostalgie zu spüren.

Auf dem Has'-und-Igel-Pfad durch die Stadt

Der Pfad verläuft vom Wettloopsweg im Süden Buxtehudes nach Nordosten durch die Innenstadt bis zum Stavenort. Eine Skulptur von Hase und Igel, entworfen von Wiebke Saphir, markiert an 14 Wegpunkten Sehenswertes und Interessantes, wie z.B. das Rathaus oder die St. Petri Kirche.
Um die Sehenswürdigkeiten der Altstadt zu entdecken, ist das Amtsgericht in der Bahnhofstraße, Station 8 auf dem Pfad, ein guter Ausgangspunkt. Der Straße folgend, überqueren wir die Este und werden am Geesttor vom **Has'-und-Igel-Bürgerbrunnen** begrüßt. In der Langen Straße sehen wir rechter Hand das **„Bürgerhaus"** mit massiv aufgemauertem Erdgeschoss und gotischem Portal. Das 1548 am damaligen Marktplatz errichtete Gebäude ist das älteste seiner Art in Buxtehude

Im erst 1911 erbauten
und zwei Jahre danach eröffneten Heimatmuseum
(Museum für Regionalgeschichte und Kunst) mit
der aufwändigen Fachwerkfassade werden viele
Exponate örtlicher Handwerkskunst gezeigt.

Buxtehude, wo die Hunde mit dem Schwanz bellen ...
Im 13. Jahrhundert ließ der Erzbischof von Bremen die Stadtfestung Buxtehude von holländischen Wasserbauern errichten. Diese revolutionierten unter anderem den Glockenschlag des Kirchturms. Statt mit einem großen Hammer auf die Glocke einzuschlagen, befestigten sie an der Glocke (von ihnen „Hunte“ genannt) ein langes Seil (den „Schwanz“) und läuteten („bellten“) damit. Gewisse Verständigungsschwierigkeiten führten dazu, dass seitdem der Hund in Buxtehude mit dem Schwanz bellt. Die Buxtehuder setzten ihm eigens ein Denkmal (Bahnhofstraße 16–18) in Gestalt eines bronzenen Dackels mit stolz gestrecktem Schwanz. Bellen tut er damit aber nur, wenn ganz bestimmt keiner hinhört und hinsieht ...

(heute das beliebte Restaurant „Amadeus“). Schräg gegenüber steht das imposante **Rathaus** von 1913/14 an der Stelle des im großen Stadtbrand 1911 vernichteten Vorgängerbaus aus dem 15. Jahrhundert. Nun geht es die Breite Straße entlang, der Verbindung zum grachtartigen **Fleth**. Dieser künstliche Wasserlauf wurde schon bei der Stadtgründung gegen Ende des 13. Jahrhunderts als innerstädtischer Hafen nach niederländischem Muster angelegt. Bis 1962 fuhren hier noch **Frachtewer**, typische plattbodige Frachtschiffe der Niederelbe, mit einer Beladung bis zu 100 Tonnen. Die **„Margareta“**, das letzte Schiff der Buxtehuder Ewerflotte, Baujahr 1897, liegt bei der ehemaligen Flethmühle vor Anker. Entlang dem Westfleth mit seinen vielen gut restaurierten Fachwerkgiebeln geht es Richtung **Hafen**, auf den Marschtorzwinger zu – letzter von ehemals fünf Rundtürmen der früheren Stadtmauer –, bevor wir nach rechts in die Fischerstraße abbiegen, das Herz der **Altstadt**. Das Haus Nr. 3 mit der Sonne im Spitzgiebel, erbaut 1553 als **Fuhrmannshaus**, weist den reichsten Schmuck an Schnitzereien und Malereien unter den Buxtehuder Häusern auf. Gegenüber befindet sich im Gebäude der alten Lateinschule aus der ersten Hälfte des 18. Jahrhunderts die Stadtbibliothek. Hier biegen wir rechts in den Wedenhof ein und umrunden das Areal des ehemaligen Armen- und Krankenhauses. Nach links geht es nun durch die Abtstraße zur über 700 Jahre alten **St. Petri Kirche**. Die dreischiffige gotische Backsteinbasilika ist mit ihrer Gesamthöhe von 75 Metern das weithin sichtbare Wahrzeichen der Estestadt. Im Inneren ist der Passionsaltar zu Ehren des Magisters Gerhard Halepaghe zu bewundern, ein Hauptwerk norddeutscher Tafelmalerei des Spätmittelalters.

Das schöne Fachwerkhaus mit der „Lebkuchenfassade" auf dem St.-Petri-Platz wurde 1913 als **Heimatmuseum** eröffnet (heute: Buxtehude-Museum für Regionalgeschichte und Kunst). Wir gehen links daran vorbei in den Stavenort. Hier befanden sich im Mittelalter die öffentlichen Badestuben (niederdeutsch: staven). Schmale, zweigeschossige Fachwerkhäuser, deren Außenwände zum Teil aus Resten der alten Stadtmauer bestehen, sind charakteristisch für das früher eng bebaute und verwinkelte Wohnquartier. Heute ist hier die Kunst zu Hause: verschiedene Galerien und die Kunstschule Buxtehude. Es sind auch Führungen mit Has' und Igel buchbar.

Am Marktplatz Buxtehudes steht das imposante Rathaus von 1913/14, das an der Stelle des durch einen Brand 1911 vernichteten Vorgängerbaus aus dem 15. Jahrhundert errichtet wurde.

Das Alte Land
Die Urlaubsregion am Elbstrom

Weitere Informationen
Tourismusverband Landkreis Stade/Elbe e. V., Kirchenstieg 30, 21720 Grünendeich, Tel. 04142-823838, www.tourismusverband-stade.de

Tourismusverein Altes Land e. V., Osterjork 10, 21635 York, Tel. 04162-914755, www.mein-altes-land.de

Das Alte Land ist ein Teil der südlich der Elbe gelegenen Elbmarsch. Aufgrund der Fruchtbarkeit des Bodens bildete sich hier eine besondere Kulturlandschaft heraus. Vor allem rund um Jork und Steinkirchen können Sie die typischen, reich verzierten Altländer Fachwerkhäuser – im Frühling eingebettet in ein Meer aus rosa und weißen Apfel- und Kirschblüten – mit ihren „Prunkpforten" und Brauttüren entdecken.

Die verzierten Torbögen über den Hofeinfahrten sind ebenso wie die unzähligen Apfel- und Kirschbäume zum Markenzeichen des Obstgartens Altes Land geworden. 15 Millionen Obstbäume, verteilt auf drei sogenannte Meilen zwischen Stade und Hamburg-Neuenfelde, bilden Deutschlands größten geschlossenen Obstgarten. Neben Äpfeln werden seit über 600 Jahren Kirschen, Pflaumen und Beeren angebaut. Überall entlang des Weges locken Straßenstände, Hofläden und Cafés mit einem umfangreichen Angebot rund um das Obst. Marmeladen, Obstbrände und weitere Spezialitäten gehören zum Sortiment. Das reiche kulturelle Erbe offenbart sich auch in den Altländer Kirchen mit ihren prachtvollen Orgeln und hat ihren Ruf als Hochzeitskirchen begründet.

Die wichtigsten Sehenswürdigkeiten

Der **Lühe-Anleger** in Grünendeich ist weit mehr als nur eine Anlegestelle für Fähren nach Schulau und nach Hamburg: Er ist ein beliebter Treffpunkt für Jung und Alt. Hier lassen sich die dicken Pötte bestaunen, der große Spielplatz lädt Kinder zum Toben ein, und die weitläufige Wiese bietet viel Platz für ein gemütliches Picknick.

Unweit davon befindet sich das **Haus der Maritimen Landschaft Unterelbe**, in dem Besucher einen Überblick über das maritime Erbe der Region

Entlang der schönsten Obsthöfe und über die idyllischen Wege durch die Obstplantagen: das Alte Land ist eine Kulturlandschaft der ganz besonderen Art.

bekommen. Ergänzt wird das Angebot durch umfangreiches Informationsmaterial über die Region und den Service als Außenstelle der Tourist-Info Altes Land.

Entlang der Lühe werden beim Anblick der weißen Hogendiekbrücke Erinnerungen an die Niederländer geweckt, die einst dieses Marschland durch die sogenannte Hollerkolonisation urbar machten und so den Grundstein für den Obstanbau in der Region legten.

Im Ortskern von Steinkirchen lohnt eine Besichtigung der wunderschönen **Kirche St. Martini et Nicolai** und ihrer Orgel. Auch zahlreiche andere Orte im Alten Land am Elbstrom warten mit prunkvollen Kirchen und gut erhaltenen Orgeln des großen Orgelbaumeisters **Arp Schnitger** auf. Weltweit gibt es nur noch 32 Orgeln von ihm, darunter drei Instrumente allein im Alten Land: St. Cosmae in Stade, St. Martini et Nicolai in Steinkirchen und St. Mauritius in Hollern. In Oederquart, Estebrügge und Jork haben sich immerhin noch die großartigen Orgelgehäuse des Meisters erhalten.

Die **Galerieholländer-Windmühle Venti Amica** in Hollern-Twielenfleth ist als eine von nur noch sehr wenigen Windmühlen in Niedersachsen voll funktionsfähig. Nach Voranmeldung (Tel. 04141 76818) darf man dem Müller über die Schulter schauen.

Auf eine mehr als 1000-jährige Geschichte blickt die Hafen- und Hansestadt **Stade** zurück. Bis heute ist die Stadt wirtschaftlicher und kultureller Mittelpunkt der Urlaubsregion (siehe Seite 104ff.).

„Ick bün all dor" sagt der Igel zum Hasen und befindet sich – in **Buxtehude**! Die ebenfalls über 1000 Jahre alte Märchen- und Hansestadt ist geprägt von restaurierten Kaufmannshäusern und kunstvoll verzierten Fachwerkgiebeln (siehe Seite 108).

Museum Altes Land
Westerjork 49, 21635 Jork,
Tel. 04162 5715

In **Jork** kennen Altländer Gästeführer in Festtracht die schönsten Ecken und begleiten die Gäste auf Wunsch auch mit dem Rad, z. B. ins **Museum Altes Land**. Alte landwirtschaftliche Gerätschaften und Geschichtliches sind hier anschaulich aus Privatbesitz zusammengetragen. Mittelpunkt des Ortes ist der Gräfenhof, das heutige Rathaus. Das Gebäude stammt aus dem 17. Jahrhundert. Sehenswert sind außerdem die drei Jorker Kirchen, die z. T. originale Arp-Schnitger-Orgelgehäuse enthalten, sowie die Obstbauversuchsanstalt Esteburg, das Beratungs- und Kompetenzzentrum für Obstbau. Am ersten Maiwochenende steht Jork im Zeichen des Altländer Blütenfestes, bei dem die Blütenkönigin gekrönt wird. Kirschen naschen verspricht die Kirschenwoche im Juli, und einen Blick hinter die Kulissen des Obstanbaus verschaffen die Altländer Apfeltage, die jährlich zwischen September und November stattfinden. Beim Tag des offenen Hofes werden anstelle der Äpfel die Besu-

Der Besuch des Gräfenhofes in Jork ist ein „Muss“. Das historische Gebäude ist zu den Öffnungszeiten des Jorker Rathauses für Besucher zugänglich.

cher mit den Erntezügen durch die Obstplantagen gefahren, und es finden allerlei Aktivitäten „rund um den Apfel“ statt.

Sportliche kommen alljährlich beim **Radler- und Skatertag** an der Elbe auf ihre Kosten. Dieser findet in der Urlaubsregion Altes Land am Elbstrom immer abwechselnd im Obstgarten Altes Land oder im „Naturerlebnis Kehdingen“ statt.

Radtour: Obstroute durch den Obstgarten Altes Land

Routenlänge
37 km (Nordroute)

Startpunkt
z. B. Grünendeich: Lühe-Anleger, Bahnhöfe Stade oder Horneburg (Parkmöglichkeit vorhanden oder Anreise mit dem Elbe-Radwanderbus)

Streckenverlauf/ Sehenswertes
Hogendiekbrücke über die Lühe in Steinkirchen – Twielenflether Leuchtturm mit Schiffsmodellausstellung – Freibad Twielenfleth mit Elbblick – Hansestadt Stade mit historischer Altstadt und vielen Erlebnisangeboten – Schloss Agathenburg – Am Wegesrand: reich verzierte, meist reetgedeckte Altländer Fachwerkhäuser

Ausschilderung/GPS
Die Obstroute ist Teil des einheitlich nach ADFC-Kriterien ausgeschilderten Radwegenetzes der Urlaubsregion Altes Land am Elbstrom. Das Logo der Obstroute weist den Verlauf. Der GPX-Track steht auch auf der Webseite des Tourismusverbandes Landkreis Stade/Elbe e.V. zur Verfügung: www.tourismusverband-stade.de/drahteselpedale/fahrradwege-entdecken/obstroute.html

Um mit „Kind und Kegel“ Blütenzauber und knackige Früchte in der Urlaubsregion Altes Land am Elbstrom aus nächster Nähe zu erleben, ist die Obstroute die perfekte Radtour: eine fruchtige Entdeckertour durch den Obstgarten! Das Logo der Obstroute weist den Weg: Der grüne Apfel und die rote Kirsche, abgebildet in einem roten Fahrradreifen, leiten entlang der schönsten Obsthöfe und über die idyllischsten Wege durch die Obstplantagen, vorbei an der weißen Hogendiekbrücke und an die Elbe.
Die Obstroute besteht aus zwei Schleifen, die sich in Grünendeich treffen. Die südlichere Schleife verläuft über Jork und Buxtehude, die nördliche über Hollern und Stade. Auf den 37 Kilometern der nördlichen Schleife entlang der Flüsse Elbe, Schwinge und Lühe lassen sich die Schönheiten des größten geschlossenen Obstanbaugebiets Deutschlands erradeln. Zugleich lohnt der eine oder andere Zwischenstopp: Ob Badespaß und Picknick mit Elbblick oder ein erlebnisreicher Stadtrundgang in der Hansestadt Stade – auf der Radtour gibt es für Groß und Klein so manches am Wegesrand zu entdecken und zu genießen.

Aktivitäten für Kinder entlang der Strecke

Haus der Maritimen Landschaft Unterelbe: in die maritime Welt eintauchen, sei es bei einem Gang durch das Unterelbe-Modell oder der Besichtigung des Brückenhauses und dem Besuch des Planetariums – beides nach Anmeldung mit Kapitänsführung (Kirchenstieg 30, 21720 Grünendeich, Tel. 04142 812076).
Freibad Hollern-Twielenfleth: Schwimmen und Planschen mit Ausblick auf die Containerriesen auf der

Schwinge
Elbe
Twielenfleth
Hollern
Stade
Ottenbeck
Grünendeich
Start
Agathenburg
26
Steinkirchen
Lühe
Dollern
Neuenkirchen
Helmste
Horneburg
N
1000 m

Familienfreundliche Rast- und Einkehrmöglichkeiten
Picknick mit Elbblick auf der Grünfläche am Lühe-Anleger beim Kinderspielplatz. Wer ohne Verpflegung unterwegs ist, findet an einem der Imbiss-Stände sicherlich etwas Leckeres.

Hotel Restaurant Windmüller, Kirchweg 3, 21720 Steinkirchen, Tel. 04142 81980

Schloss Agathenburg: Kaffee trinken mit Blick ins Elbtal zu den Öffnungszeiten des Schlosses. An Wochenenden und Feiertagen Kuchenangebot (Hauptstraße, 21684 Agathenburg, Tel. 04141 64011, www.schloss agathenburg.de)

Fahrrad-Verleih und -Service
Sichere Abstellmöglichkeit für Fahrräder gegenüber der Tourist-Information in 21682 Stade, Hansestraße 16

Stussnat-Drögemöller (Fahrradvermietung nach tel. Anmeldung), Fährstraße 1, 21720 Grünendeich, Tel. 0171 7057654 u. 04141 6591068

Brandt Fahrradvermietung, Freiburger Straße 45, 21682 Stade, Tel. 04141 922669

Zweirad Fachgeschäft Hinck (Fahrradreparatur), Hansestraße 27, 21682 Stade, Tel. 04141 3193

Tourist-Info Horneburg (Fahrradvermietung), Lange Straße 29, 21640 Horneburg, Tel. 04163 868030

Elbe (Am Deich, 21723 Hollern-Twielenfleth, Tel. 04141 76881).

Kinderführung in Stade: „Ein Blick in die Hansezeit" – Erlebnisangebot für Kinder im Grundschulalter. „Bademutter Ursula" und „Schiffersfrau Johanna" führen durch die Hansegeschichte Stades. Bei dem humorvollen Rundgang durch die Altstadt werden die jungen Teilnehmerinnen und Teilnehmer an verschiedenen Stationen zum Mitmachen angeleitet und somit Teil der Inszenierung. Termine für Gruppen nach Vereinbarung sowie öffentliche Termine (STADE Tourismus-GmbH, Tourist-Information am Hafen, Hansestraße 16, 21682 Stade, Tel. 04141 409170).

Freibad Horneburg: Bürgermeister-Löhden-Straße 22, 21640 Horneburg, Tel. 0160 95606315

Amüsant und kurzweilig führen „Bademutter" Ursula und „Schiffersfrau" Johanna die Kids in historischen Gewändern durch die Stader Altstadt.

Anbindung an den Elbe-Radwanderbus

An Wochenenden und Feiertagen verkehrt der Elbe-Radwanderbus, ein Freizeitbus mit Fahrradanhänger in der Urlaubsregion. Er bringt Radfahrer samt ihrer „Drahtesel" zu einem entfernteren Startpunkt ihrer Tour oder bietet sich gut für eine kleine Radlerpause zwischendurch an. Fahrstrecke: Horneburg, Jork, Grünendeich, Stade, Drochtersen, Krautsand, Wischhafen, Balje(www.elbe-radwanderbus.de).

Weitere Informationen

www.tourismusverband-stade.de/drahtesel-pedale/fahrradwege-entdecken/obstroute.html

Natur erleben an der Ostemündung

Natureum Niederelbe mit Elbe-Küsten-Park

Weitere Informationen
Natureum Niederelbe mit Elbe-Küsten-Park, Neuenhof 8, 21730 Balje, Tel. 04753 84210, service@natureum-niederelbe.de, www.natureum-niederelbe.de; Dez. geschlossen

Die Straßenbrücke über dem Sperrwerk ist nur Sa./So., Di.–Do. 10–17 Uhr (im Sommer 10–18 Uhr) befahrbar.

Kurz vor der Mündung der Elbe in die Nordsee und der Oste in die Elbe, zwischen Balje und Neuhaus an der Oste, liegt das Natureum Niederelbe auf einer durch den Bau des Ostesperrwerks entstandenen Insel. Auf seinem Freigelände, dem Elbe-Küsten-Park, befinden sich verschiedene, für die Region typische Biotope sowie ein Aussichtsturm. Von hier aus blickt man direkt auf die große, trichterförmige Elbmündung – die größte, in Teilen noch naturnahe Flussmündung Mitteleuropas – sowie eine Wetterstation und Vogelbeobachtungsstationen.

Unter dem Schlagwort „Das lebende Museum an der Nordsee“ werden im **Natureum Niederelbe** auf 1000 Quadratmeter Ausstellungsfläche Natur und Landschaft der Niederelbe vergleichend dargestellt. Erfahren Sie mehr zum Thema Tideelbe, Elbmündung und Außenelbe mit Fischen, Modellen vom Schweinswal und großem Tümmler sowie dem Originalskelett eines in Freiburg an der Elbe gestrandeten Entenwals! Der Schwerpunkt liegt auf der heimischen Vogelwelt und ihren Lebensbedingungen. Besonders beliebt bei Jung und Alt ist die „Vogeloper“. In den über 20 Aquarien und Terrarien des „Küstenzoos“ tummeln sich Fische, Schlammspringer, Krabben, Schlangen und Schildkröten, einige von ihnen dürfen bei den täglichen kostenlosen Führungen auch angefasst werden. Neben den Dauerausstellungen werden jährlich wechselnde Sonderausstellungen präsentiert. Mitmachaktionen zu unterschiedlichen Ausstellungsinhalten vermitteln die heimische Natur hautnah und regen die Kreativität an.

Der **Elbe-Küsten-Park** ist ein Paradies für Naturfreunde inmitten von Wiesen und Watten. Auf 100 000 Quadratmeter Parkgelände gibt es Freilichtausstellungen, Aktionszonen und Spazierwege.

Das Natureum Niederelbe liegt auf einer durch den Bau des Oste-Sperrwerks entstandenen Insel in unmittelbarer Elbnähe. Auf dem Freigelände ist u.a. der 1892 gebaute Fischkutter „Erna Becker“ zu besichtigen.

Mit etwas Glück können Sie bei einer Ausflugsfahrt mit der „Mocambo“ auf der Oste und in der Elbmündung Seehunde beim Sonnenbaden und eine Vielzahl verschiedener Vogelarten beobachten.

Interaktive Stationen bieten die Möglichkeit vieles auszuprobieren, z. B. wie eine Gezeitenwelle oder gar eine Sturmflut die Elbe aufwärts läuft. Die kleinen Besucher können sich auf dem Spielplatz mit großen Trampolinen, Kinderspielhaus und Meerschweinchenschiff austoben, am Geestbach Gold waschen oder den Elbottern einen Besuch abstatten. Im Streichelgehege lässt es sich prima auf Tuchfühlung mit Schafen, Ziegen und Mini-Shetlandponys gehen. An den Vogelbeobachtungsstationen liegen Spektive und Ferngläser bereit, um selten gewordene Kampfläufer, Bekassine, Säbelschnäbler, Rotschenkel oder Brachvögel beobachten zu können. Während des Vogelzug-Schauspiels rasten hier viele artbedrohte Wasservögel wie Zwerg- und Singschwäne, Goldregenpfeiffer und Alpenstrandläufer. Einige der Grau- und Nonnengänse nehmen dieses Revier als Winterquartier ein und bleiben bis zum Frühling.

Direkt vom Gelände des Natureums Niederelbe starten ein- oder zweistündige **Schiffsausflüge** in die faszinierende Tier- und Pflanzenwelt der Oste- und Elbmündung. Unter fachkundiger Anleitung des Kapitäns erfahren Sie auf der Tour in die Mündungstrichter der Oste und Elbe Wissenswertes über Europas größten Tidefluss (Flussabschnitt, der dem Einfluss von Ebbe und Flut unterworfen ist). Auf Fahrt ziehen oft „dicke Pötte" und schnittige Sportboote vorbei. Mit etwas Glück sind Seehunde beim Sonnenbaden auf den Sandbänken zu beobachten.

Schiffsausflüge mit der MS Mocambo und der MS Germania: Fahrplan auf www.natureum-niederelbe.de unter „Schiffsausflüge". Für Gruppen sind andere Tage, Fahrzeiten, Fahrrouten und Schiffe möglich, bitte rufen Sie an. Alle Infos zu den Schiffstouren unter Tel. 04753 842110.

Unmittelbar am Natureum Niederelbe befindet sich das **Ostesperrwerk**. Es wurde von 1964 bis 1968 nach der verheerenden Sturmflut von 1962 an Elbe und Oste errichtet und schützt das Osteland und das Land Kehdingen vor den Sturmfluten. Es wird durch stählerne Stemmtore geschlossen. Regelmäßige Durchfahrten sind mit dem Fahrgastschiff MS Mocambo möglich. Der mittlere Brückenteil besteht aus einer Klappbrücke, damit auch Segelboote das Sperrwerk passieren können.

Unmittelbar beim Natureum Niederelbe liegt auch eine Haltestelle des Elbe-Radwanderbusses, der in den Sommermonaten die elbnahen Orte in der Urlaubsregion Altes Land am Elbstrom zwischen Horneburg und dem Natureum miteinander verbindet. Dieser Freizeitbus mit Fahrradanhänger bietet eine kostengünstige Gelegenheit, das Natureum zu erreichen oder seinen Besuch mit einer Fahrradtour durch das mit zahlreichen Naturerlebnissen aufwartende Kehdingen zu verbinden.

Informationen zum Elbe-Radwanderbus unter www.elbe-radwanderbus.de sowie beim Tourismusverband Landkreis Stade/Elbe e.V., Kirchenstieg 30, 21720 Grünendeich, Tel. 04142 813838, info@tourismusverband-stade.de

Weitere Informationen
Mehr zum Vogelkieker unter www.vogelkieker.de oder beim Verein zur Förderung von Naturerlebnissen e. V., Am Sande 4, 21682 Stade, Tel. 04141 12561, verein-naturerlebnisse@landkreis-stade.de

Eine digitale Karte der beschriebenen Route finden Sie unter http://altesland.i-ventions.de (Tour „Vom Teufelsmoor zum Wattenmeer" auswählen, in „Routennavigation" Start- und Endpunkt anwählen, und Sie erhalten alle Infos zur ausgewählten Strecke inklusive Wegbeschreibung und Sehenswertem am Wegesrand).

Tourenvorschlag für Radfahrer: Von Freiburg über den Außendeich bis zum Natureum Niederelbe (24 km)

Ziel des Tagesausfluges ist das Natureum Niederelbe mit dem Elbe-Küsten-Park. Für die Anreise bietet es sich an, den Elbe-Radwanderbus zu nutzen. Dieser startet seine Tour in Horneburg zwischen Stade und Buxtehude und fährt auf seinem Weg in den hohen Norden der Urlaubsregion Altes Land am Elbstrom verschiedene Haltestellen in den weiteren Orten entlang der Elbe an.

Steigen Sie mit Ihrem Fahrrad im idyllischen Freiburg an der Elbe aus und machen eine Stippvisite im historischen Ortskern mit dem alten Hafen. Vom Aussichtspavillon können Sie den Blick über das Naturschutzgebiet Allwördener Außendeich und die Elbe bis hinüber nach Schleswig-Holstein wandern lassen. Auch der Kornspeicher und die Wulpardikirche sind einen Besuch wert, und das ein oder andere kleine Café lädt zu einer entspannten Pause ein.

Für Vogelfreunde bietet sich ein Ausflug mit dem Vogelkieker an. Dieser zu einer mobilen Vogelbeobachtungsstation umgebaute Bus bringt seit 1994 im Frühjahr und Herbst Ornithologen und andere Tierfreunde zu den Schauplätzen des Vogelzugs am niedersächsischen Elbufer, einer Landschaft mit dem Prädikat „Feuchtgebiet internationaler Bedeutung". Zehntausende von Zugvögeln aus Skandinavien und Sibirien rasten dann hier auf ihrer Wanderung in Richtung Atlantik und zurück in die Brutheimat. Bei den rund dreistündigen Ausflügen mit dem Vogelkieker kann man die Tiere nahezu „hautnah" erleben, ohne sie dabei zu stören. Biologen als Kenner vor Ort informieren bei jeder Fahrt unterhaltsam über Flora und Fauna. Mit

Von April bis Oktober geht der Elbe-Radwanderbus auf große Fahrt. Er verbindet die elbnahen Orte zwischen Horneburg und dem Natureum Niederelbe bei Balje.

an Bord des Vogelkiekers: hochwertige Ferngläser, Bestimmungstafeln und jede Menge Informationsmaterial.

Nun geht es mit Ihrem Drahtesel entlang der Sommerdeichstraße auf nach Balje zum Natureum Niederelbe. Folgen Sie der Radroute „Vom Teufelsmoor zum Wattenmeer" – das Logo mit dem Kiebitz weist den Weg. Auf den Deichen der Urlaubsregion werden Ihnen die hiesigen Landschaftspfleger, die Schafe, begegnen.

Nach Ihrem Besuch im Natureum Niederelbe haben Sie die Möglichkeit, noch etwas im Museumsshop zu stöbern oder den Tagesausflug mit einem Snack im Museumscafé ausklingen zu lassen.

Otterndorf

Tipp
Von März bis Oktober finden im Nordseebad Otterndorf jeden Mittwoch um 11 Uhr öffentliche Stadtführungen durch die historische Altstadt statt. Wer diese auf eigene Faust erkunden möchte, erhält in der Tourist-Information im Historischen Rathaus und auch im Internet unter www.otterndorf.de die nötigen Informationen.

Das seit 1998 staatlich anerkannte Nordseebad Otterndorf mit dem schönen Grünstrand und den Süßwasser-Badeseen hinter dem Deich liegt an der 17,5 Kilometer breiten Elbmündung. Mit seinem historischen Stadtkern gehört es zu den romantischen Städten im Nordwesten Niedersachsens. Seit dem Jahr 1400 besitzt Otterndorf die Stadtrechte. Literarisch wurde es bekannt durch Johann Heinrich Voß, der Ende des 18. Jahrhunderts an der Lateinschule zu Otterndorf lehrte und dort Homers Odyssee ins Deutsche übersetzte.

Die Sehenswürdigkeiten:
Mitten im historischen Stadtkern Ottendorfs erwartet Freunde der zeitgenössischen Kunst das **Museum gegenstandsfreier Kunst** des Landkreises Cuxhaven. „Wer zu uns kommt, muss bereit sein, neue Sichtweisen anzunehmen und umdenken zu lernen“, betont die Museumsleitung. Auf Anmeldung werden fachkundige Führungen angeboten.
Die Puppenstube. Ein Hauch von Nostalgie umgibt den Besucher beim Eintritt in das denkmalgeschützte ehemalige Bürgerhaus von 1782. Weit mehr als 1000 Puppen, Teddys und Plüschtiere sind hier ausgestellt. Damit die „Großen“ sich in Ruhe umschauen können, ist für die „Kleinen“ eine Spielecke eingerichtet worden. Barrierefreier Zugang für Rollstuhlfahrer an der Rückseite des Gebäudes!
Das klassizistische Gartenhaus in Otterndorf. Das denkmalgeschützte Gebäude liegt umgeben von Hausgärten und von der Parkanlage „Eschweide“, direkt am historischen Süderwall, ebenfalls ein Baudenkmal. In früheren Tagen wurde Geselligkeit in dem kleinen Gartenhäuschen groß geschrieben, heute dient es einem Stadtschreiber/-künstler als Domizil.

Die reichhaltige Ausstattung der St. Severi Kirche spiegelt den lang anhaltenden Wohlstand Otterndorfs und des Landes Hadeln wider.

Domizil für Stadtschreiber: das idyllisch am historischen Süderwall gelegene Gartenhaus.

Das **Kranichhaus** im Herzen Otterndorf ist eines der bedeutendsten Baudenkmäler zwischen Elbe und Weser. In seinen ältesten Teilen entstammt es dem späten 16. Jahrhundert. Als Ensemble ist es jedoch mit seiner barocken Fassade, dem Zwischenbau und dem gewaltigen Speichergebäude ein Produkt des 18. Jahrhunderts. Im Kranichhaus finden Sie kulturhistorisches Sammlungsgut aus Otterndorf und den Kirchspielen des Landes Hadeln aus der Zeit von etwa 1550 bis 1850 und einen sehr sehenswerten Salon mit Rokoko-Stuckdecke, Seidentapete und umlaufenden Blumenmalereien aus der Zeit des Biedermeier.

Die Otterndorfer **St. Severi Kirche** ist die größte im Land Hadeln. Ihre Geschichte lässt sich bis ins 13. Jahrhundert zurückverfolgen. Zur reichhaltigen, vorwiegend barocken Innenausstattung gehört als einziges Werk aus der vorreformatorischen Zeit der bronzene Taufkessel aus der Mitte des 14. Jahrhunderts. Von herausragender Bedeutung ist auch das reich geschnitzte Altarretabel, das laut Inschrift 1664 gestiftet wurde. Die Orgel wurde 1741 von dem berühmten Stader Orgelbaumeister Dietrich Christoph Gloger gebaut.

Das Johann-Heinrich-Voß-Museum. Der Lehrer, Dichter und Übersetzer Johann Heinrich Voß

Museum gegenstandsfreier Kunst
Marktstraße 10, 21762 Otterndorf, Tel. 04751 979999, www.mgk-otterndorf.de, geöffnet Di.–Fr. 10–13 + 15–18 Uhr, Sa./So. 15–18 Uhr

Die Puppenstube
Marktstraße 12, 21762 Otterndorf, Tel. 04751 912891, www.puppenstube-otterndorf.de, geöffnet Nov.– März Mi. + So. 14.30–17 Uhr, April–Okt. Mi.–Fr. + So. 14.30–17 Uhr

Das klassizistische Gartenhaus
Stadt Otterndorf, Marktstraße 21, 21762 Otterndorf, Tel. 04751 919102, www.otterndorf.de

St. Severi Kirche
Himmelreich 2, 21762 Otterndorf, Tel. 04751 3935, www.kirche-otterndorf.de, Kirchenbesichtigung Mai–Okt. Mo.–Do. 10–12 + 15–17 Uhr, Fr. 10–12 Uhr

Die ältesten Teile des Kranichhauses stammen von 1585. Heute ist hinter seiner barocken Fassade das „Museum des alten Landes Hadeln“ untergebracht.

Johann-Heinrich-Voß-Museum
Johann-Heinrich-Voß-Straße 8, 21762 Otterndorf, Tel. 04751 919102, www.otterndorf.de, Mi. + So. 15–18 Uhr, Gruppenführungen nach Anmeldung

Kranichhaus
Reichenstraße 3, 21762 Otterndorf, Tel. 04751 91480, www.kranichhaus.de, geöffnet April–Okt. Di.–Fr. 10–12, Di.–So. 14.30–16.30 Uhr, Nov.–März Mi. + So. 14.30–16.30 Uhr, Führungen nach Vereinbarung

Torhaus – Sammlung Labiau/Ostpreußen
Am Großen Specken 6, 21762 Otterndorf, Mai–Sept. Mi. + So. 14.30–17 Uhr, Okt.–April So. 14.30–17 Uhr. Nähere Informationen bei Herrn Dieckmann, Tel. 04751 4466, Führungen nach Vereinbarung

(1751–1826) lebte und arbeitete zwischen 1778 und 1782 in Otterndorf. Das Museum zeigt eine Ausstellung über das Leben und Werk des Dichters und Übersetzers.

Das Torhaus. Das Amtsgericht wurde 1773 anstelle der alten, baufälligen Schlossanlage gebaut. An die ehemaligen Wallgräben erinnert nur noch der Teich am Torhaus. Dieses wurde 1641 errichtet. Früher wurde es als Wohnung für Gerichtsangestellte genutzt. Heute befindet sich in den Räumen des Torhaus die Sammlung Labiau/Ostpreußen des Landkreises Cuxhaven. Höhepunkte ostpreußischer Geschichte werden gezeigt und wecken

Erinnerungen. Labiau ist der Patenkreis des Landkreises Cuxhaven.

Radtour – Rund um Otterndorf

Der Radwanderweg „Rund um Otterndorf“ verläuft entlang des Hadelner Kanals und der wild-romantischen Oste mit ihrem modernen Sperrwerk. Alte Kirchen, moderne Radartürme und die historische Altstadt Otterndorfs laden den Besucher zum Bewundern und Verweilen ein. Sehenswert auf der Strecke:

Das **Leuchtfeuer Otterndorf** östlich der Schleusenstraße am Vordeichgelände: Radartürme sind wichtige Wegweiser für die Schifffahrt. Sie lotsen die Schiffe auch bei Nebel stromauf oder stromab.

Der **Hadelner Kanal** ist Teil des Elbe-Weser-Schifffahrtsweges. Dieser Weg beginnt praktisch an der Geeste, die bei Bremerhaven in die Weser fließt. Von der Geeste (etwas südlich von Kührstedt) führt der Bederkesa-Geeste-Kanal nach Bederkesa, von wo aus dann der Hadelner Kanal in die Elbe führt (östlich von Otterndorf).

Belum ist ein romantischer Ort in der Elbe- und Ostemarsch, geeignet vor allem für Angel- und Reiterferien. In Belum findet man noch die typischen niedersächsischen Bauernhöfe.

Die St.-Vitus-Kirche ist ein einschiffiger romanischer Feldsteinbau, erbaut um 1200. Später wurden umfangreiche Ausbesserungen vorgenommen. Hier beginnt auch die historische Ostedeichroute, welche Sie bis nach Neuhaus hinein auf Ihrer Radtour begleitet. Die Wegpunkte der Route setzen Gestern und Heute am Ostedeich in Bezug zueinander.

Das Ostesperrwerk wurde 1968 fertiggestellt und ist das größte Wasserbauwerk in Niedersachsen. Seine Aufgabe ist es, die Osteniederungen vor

Routenlänge
49 km

Startpunkt
Otterndorf, kostenpflichtiger (März–Okt.) Großraumparkplatz im Freizeitgebiet „See Achtern Diek“ gegenüber der Spiel- & Spaß-Scheune, Norderteiler Weg, kostenlose Parkplätze am Natureum Niederelbe und direkt in Neuhaus.

Ausschilderung/GPS
Die Route „R 3“ (Rund um Otterndorf) ist über die gesamte Strecke ausgeschildert und durch das Landkreislogo und die Aufschrift „R 3“ gekennzeichnet. Darüber hinaus steht die Route auch als GPS-Download unter www.bikemap.net/route/127160 kostenlos zur Verfügung.

Service
Am Natureum Niederelbe bei Neuhaus hält im Sommerhalbjahr von Cuxhaven/Otterndorf kommend an den Wochenenden der Fahrradbus „Fahrradbus Land Hadeln“ (www.cuxliner.de) und von Stade kommend der Elbe-Radwanderbus (www.elberadwanderbus.de, siehe Seite 123 und 125).

Mit Rückenwind am Elbdeich entlang: Eine Radtour im Hadelner Land ist eine ideale Verbindung von Freizeitspaß und Kulturerlebnis.

Hochwasser zu schützen. Das Bauwerk entstand nach der verheerenden Sturmflut 1962 (siehe Seite 123). Der Ostesee mit Wasserskianlage ist auch bei Radlern ein beliebter Ort zum Pausieren. Es befinden sich dort aber auch ein Vogelschutzgebiet und das Natureum Niederelbe (siehe Seite 120ff.).

Neuhaus an der Oste bietet den Erholungssuchenden und Wassersportlern abwechslungsreiche Ferien. Besonders sehenswert ist der historische Ortskern mit der Deichstraße, dem Kornspeicher, dem „Alten Hafen" und der Emmauskirche. Die im Jahr 1729 geweihte Kirche repräsentiert norddeutschen Backsteinbarock. Bedeutend ist die Glogerorgel von 1744/45. Kirchenbesichtigungen sind im Sommer tagsüber möglich, Kirchen- und Orgelführungen nach Vereinbarung (Tel. 04752 270).

In **Kehdingbruch** befindet sich die ehemalige Kapelle St. Jürgen, die 1745 neu erbaut wurde. Sie hat einen frei stehenden hölzernen Glockenturm aus dem 17. Jahrhundert.

Die Holländer-Galeriewindmühle am Schweinskopf in **Osterbruch** wurde 1988 restauriert und ist wieder intakt. Die seit 2005 in die Niedersächsische Mühlenstraße eingebundene Mühle kann nach Vereinbarung besichtigt werden (www.muehle-osterbruch.de).

Die St.-Marien-Kirche in **Neuenkirchen** ist ein Backsteingotteshaus aus dem 14. Jahrhundert. Der Chorraum wird beherrscht von einer lebensgroßen Kreuzigungsgruppe aus dem 16. Jahrhundert. Die prunkvolle Kanzel stammt aus dem 17. Jahrhundert. Auf der Westempore steht eine wertvolle Barockorgel, die 1660 bis 1662 von Christoph Donat aus Leipzig gebaut wurde (Kirchenbesichtigung Mi. 16–17 Uhr Uhr und nach den Gottesdiensten).

Familienfreundliche Einkehrmöglichkeiten
Eine große Anzahl Restaurants laden zum Verweilen ein. Nähere Informationen erhalten Sie unter www.otterndorf.de und für Neuhaus (Oste) auf www.wingst.de

Aktivitäten für Kinder entlang der Strecke

Otterndorf: Badeseen, Freizeitgelände mit Abenteuerspielplatz, Volleyballfeld etc., Spiel- & Spaß-Scheune, Satz & Spiel (saisonal), Minigolf, Sole-Therme, geführte Wattwanderungen

Neuhaus (Oste): Natureum Niederelbe, Wasserskianlage mit Strandzone

Wingst

Informationen
Tourismuszentrale Wingst, Hasenbeckallee 1, 21789 Wingst, Tel. 04778 81200, www.wingst.de

Zoo in der Wingst, Am Olymp 1, 21789 Wingst, Tel. 04778 255, www.wingstzoo.de

Kamelien-Kulturen (Kamelienparadies) Peter Fischer, Höden 16, 21789 Wingst, Tel. 04778 263, www.kamelie.de

Spielpark Wingst, Schwimmbadallee 10a, 21789 Wingst, Tel. 04778 660, www.spielpark-wingst.de

Wandern in der Wingst

Im Dreieck zwischen Nordsee, Elbe und Weser und nicht weit entfernt von Cuxhaven gelegen, bildet der Höhenzug Wingst einen reizvollen Kontrast zu der von Mooren und Marschen geprägten Landschaft der Norddeutschen Tiefebene. Tauchen Sie ein in den über 1100 Hektar großen Wingster Mischwald mit seinen Wanderwegen, dem Familienerlebnispfad und einem Reitwegenetz, das die Urlauber hoch zu Ross begeistern wird.
Für Radwanderer werden attraktive Tagestouren durch die Wingst und entlang der Oste angeboten – mit Abstechern zum Naturschutzgebiet Balksee und den angrenzenden Mooren. Auch der Graf Bremerische Gutspark in Cadenberge ist einen Besuch wert. Ein echtes „Muss" für Garten und Blumenfreunde ist das als botanischer Garten anerkannte, international renommierte Kamelienparadies Wingst von Peter Fischer.
Besonders beliebt sind die bestens ausgeschilderten Rundwandertouren, von denen sich immer wieder faszinierende Ausblicke in die Landschaft ergeben. Rund um Silberberg und Deutschen Olymp werden Wanderrouten zwischen 6 und 30 Kilometern angeboten, die selbstverständlich kombinierbar sind.
Der 10,9 Kilometer lange **Rundwanderweg W3 – Dobrock** ist auch für nicht so geübte Wanderer eine schöne Möglichkeit, die landschaftliche Vielfalt der Wingst zu erfahren.
Idealer Startpunkt – besonders für PKW-Anreisende – ist der kostenlose Zooparkplatz Am Olymp. Von hier aus läuft man durch den Kurpark geradewegs in den Wingster Wald hinein.
Der Kurpark Wingst bietet neben der gesundheitsfördernden jodhaltigen Luft aktive Erholung für die

ganze Familie: Neun ganzjährig nutzbare Fitnessgeräte bilden einen Mehrgenerationen-Fitnesspark, eine Minigolf- und eine Bouleanlage laden zum Spielen ein. Kleiner Tipp: Nach der Wanderung in der Kneipp-Anlage im Kurpark Füße und Beine erfrischen! Der Rundwanderweg führt über den Waldspielplatz auf den Silberberg, mit 74 Metern die höchste natürliche Erhebung in der Wingst und im gesamten Elbe-Weser-Dreieck, und in einem weiten Bogen um den Kreienberg an der Kaisereiche vorbei. Von dort geht es zu einem prähistorischen Steingrab und an einem modernen Ruheforst vorbei zurück zum Ausgangspunkt. Die Route ist mit der Kennung W3 – Dobrock und einem lila Richtungspfeil auf weißem Grund gekennzeichnet. Damit auch Familien mit Kindern der Waldausflug Spaß macht, wurde ein **Familienerlebnisweg** angelegt. Der knapp 3,2 Kilometer lange Weg verbindet einen Waldlehrpfad mit zehn Erlebnisstationen mit der Minigolfanlage im Kurpark Wingst und dem Waldspielplatz. Der Spielpark Wingst mit etwa 60

Auf zwei Seilpfaden mit unterschiedlichen Schwierigkeitsstufen können Sie im Spielpark Wingst den Hochseilgarten erleben. Der Pfad führt Sie bis in ca. 10 Meter Höhe in die Bäume.

Wer im Sommer Rodeln will,
muss in die Wingst fahren.
Die Sommerrodelbahn ist
500 Meter lang.

Spiel- und Spaßangeboten, der einzigen Sommerrodelbahn der Region und einem Baumseilpfad sowie das Hallen- und Freibad sind fußläufig erreichbar. So wird unterwegs reichlich Abwechslung für Groß und Klein geboten, Wald und Natur werden erlebbar gemacht.
Für noch mehr Abwechslung sorgen einige Geocaches, die in unmittelbarer Nähe zum Familienerlebnisweg versteckt sind. Eine Aufstellung der „Schätze" finden Sie auf www.geocaching.com. Gerne leiht Ihnen die Tourismuszentrale Wingst für Ihre digitale Schatzsuche Navigationsgeräte – die Sie natürlich auch für Ihre Radtour oder Wanderung nutzen können. Die Caches für den Familienerlebnisweg sind vorinstalliert, ebenso alle Wingster Wanderwege und die auf den Radseiten von www.wingst.de dargestellten Radrundwege. Für alle Wanderwege finden Sie eine Kartenübersicht, Routenbeschreibungen und Downloads auf www.wanderbare-wingst.de. Die Tourismuszentrale Wingst hält aber auch eine kostenlose „klassische" Radkarte der Region vor.

Tipps für Kids

Am Familienerlebnisweg findet Ihr unmittelbar angrenzend nicht nur den Waldspielplatz mit Picknickmöglichkeiten, sondern auch den **Zoo in der Wingst**. Hier sind ganze Tierfamilien in großzügigen, natürlich gestalteten Gehegen zu sehen. Und dadurch stellen sich auch immer wieder Tierbabys ein, die von ihren Müttern natürlich aufgezogen werden.
In der neuen großen Braunbärenanlage im Wolfs- & Bärenwald laufen die Tiere nicht wie sonst üblich auf Beton oder Stein, sondern leben in einem naturgewachsenen Wald mit alten Bäumen und allem, was sonst noch dazugehört. Ein großer Pool erlaubt ausgiebige Bäder. Zur Abwechslung bekommen sie mitunter Besuch von den Wölfen aus dem Nachbargehege.
Besonders für Kinder werden alle Anstrengungen unternommen, damit der Zoobesuch ein Erlebnis wird. So ist der Streichelzoo, in dem die Tiere gestreichelt werden können, eine der wichtigsten Einheiten des Zoos.

Ahlenmoor

Zu Fuß oder mit der Moorbahn

Reservierung
Reservieren Sie ihre Plätze für eine Moorbahnfahrt ganz einfach online unter www.ahlenmoor.de.
Sie erhalten Ihre Buchungsbestätigung umgehend.
Gerne nehmen wir auch Ihre telefonische Buchung unter Tel. 04755 912334 entgegen.

Adresse
MoorInformationsZentrum MoorIZ
Am Hohen Kopf 3, 21776 Wanna/Ahlen-Falkenberg,
Tel. 04757 8189558, Fax 04757 818497,
mooriz@ahlenmoor.de,
www.ahlenmoor.de

Öffnungszeiten
Mai–Okt. tägl. 10–18 Uhr
Nov.–April Di.–So. 11–17 Uhr

Hochmoore sind nach der letzten Eiszeit in ganz Norddeutschland entstanden. Sie werden richtiger auch Regenmoore genannt, weil sie sich ausschließlich aus Niederschlägen speisen. Durch landwirtschaftliche Nutzung und Torfabbau sind leider nur noch sehr wenige dieser besonderen Lebensräume für Flora und Fauna erhalten geblieben. Das Ahlenmoor, das etwa 20 Kilometer südlich von Cuxhaven liegt, gehört neben dem bekannten Teufelsmoor bei Worpswede mit einer Fläche von rund 40 Quadratkilometern zu den größten Mooren Niedersachsens.
Das MoorInformationsZentrum **MoorIZ** im ehemaligen Torfwerk ist einer der Höhepunkte des Moorerlebnisangebots im Ahlenmoor. Eine interaktive Erlebnisausstellung lädt Sie ein, mehr über die Vergangenheit und Zukunft der Natur- und Kulturlandschaft des Moores zu erfahren. Was ist ein Moor? Was denken wir über das Moor? Und: Wer lebt im Moor?
Natur und Mensch stehen im Mittelpunkt dieser Entdeckungsreise. Aus der obersten Etage können Sie den Blick in die Weiten des Ahlenmoors schweifen lassen und auf einem begehbaren Luftbild des Elbe-Weser-Dreiecks von Hamburg bis Bremen die Region erkunden. Im hauseigenen Labor lassen sich Flora und Fauna des Ahlenmoors im Rahmen von Gruppenveranstaltungen genauer untersuchen. Für Tagungen und Sonderausstellungen steht ein Seminarraum zur Verfügung.
Wer trockenen Fußes durchs Moor wandern will, kann das auf dem **Moorerlebnispfad** tun.
Auf Holzbohlenwegen und Wegen aus Holzschnitzeln führt der Rundweg rund 2 Kilometer durch eine abwechslungsreiche Naturlandschaft. Startpunkt ist eine große Info-Tafel gegenüber dem Flögelner Campingplatz. Zwischen Birken, Pfeiffen-

gras, Heidelbeere und Wollgras wandern Sie durch verschiedene Landschaftsformen. An 14 Stationen erhalten Sie Informationen zu Flora und Fauna des Moores. Tafeln zum Umklappen und Bilder zum Anschauen vermitteln einen Eindruck von der Besonderheit des Naturraums und davon, warum er so gefährdet ist. Denn Entwässerung, Torfabbau, Landwirtschaft und Besiedlung haben zu einem starken Rückgang der Hochmoore geführt. Die verbliebenen Reste – wozu auch das Ahlenmoor gehört – sind heute stark geschützt. Erleben Sie, wie mächtig das Moor ist – und wie wenig Torfmoos in einem Jahr wächst. Entdecken Sie seltene Tier- und Pflanzenarten. Der Moorerlebnispfad ist ein Ausflugsziel für die ganze Familie.
Sie wollen eine längere Strecke wandern? Dann sollten Sie sich auf den **Moorrundweg** machen. Die 6 Kilometer lange Wegeverbindung verknüpft den Moorerlebnispfad am Flögelner See mit dem Aussichtsturm am Halemer See.Von dort aus bietet sich ein weiter Überblick über das geschützte Ge-

Hoch- oder Regenmoore werden im Gegensatz zu Niedermooren ausschließlich aus Niederschlägen versorgt und stellen damit einen speziellen entwicklungsgeschichtlichen Moortyp dar. Hochmoore – wie das Ahlenmoor – haben heute Seltenheitswert.

Hochmoore zeichnen sich durch eine hoch spezialisierte einzigartige Flora und Fauna aus – hier eine Vierflecklibelle.

wässer, das zusammen mit dem Dahlemer See rund 190 Hektar groß ist. Vom erhöhten Standpunkt aus lassen sich mit einem Fernglas viele seltene Vogelarten beobachten. Bestandteil des Moorrundwegs ist zudem ein Abstecher zu einem traditionellen Handtorfstich, der sogenannten Moorerlebnisstation. Hier können Sie sehen, wie über viele Jahrhunderte der Torf mühsam mit der Hand und einfachen Werkzeugen gestochen wurde. Zu bestimmten Terminen finden hier auch praktische Vorführungen statt.

Die Wanderwege sind ganzjährig frei begehbar. Den genauen Verlauf zeigen Faltblätter mit Karte, die im MoorIZ erhältlich sind.

Warum wächst das Moor? Warum wurde Torf abgebaut? Gibt es wirklich Irrlichter? Was hat es mit fleischfressenden Pflanzen auf sich? Welche Vögel leben im Moor? Eine Fahrt mit der **Moorbahn** vom MoorIZ aus tief in das Innere des Naturschutzgebietes Ahlenmoor gibt Antworten auf diese Fragen. Mit einer umgebauten Feldbahn des ehemaligen

Torfwerks können Sie die Geheimnisse der einmaligen Landschaft erkunden. Unter fachkundiger Führung erfahren Sie an vier Haltepunkten an der 5,7 Kilometer langen Strecke alles Wissenswerte um den Lebensraum Hochmoor. Seltene Pflanzen und – mit etwas Glück – seltene Tierarten, die sich an einen extremen Lebensraum angepasst haben, erwarten Sie!
Eine Fahrt mit der Moorbahn dauert ca. 2 Stunden und 15 Minuten. Die Wagen sind mit Planen ausgerüstet, sodass Sie auch bei Regen trocken bleiben. Hunde dürfen nicht mit auf die Moorbahn genommen werden.

Entdecken Sie das größte Hochmoor des Landkreises Cuxhaven und erfahren Sie bei einer Fahrt mit der Moorbahn Wissenswertes rund um den Lebensraum Moor.

Bremervörde

Weitere Informationen
Tourist-Information Stadt Bremervörde, Rathausmarkt 1, 27432 Bremervörde, Tel. 04761 987142, www.bremervoerde.de

Natur- und Erlebnispark Bremervörde GmbH, Rathausmarkt 1, 27432 Bremervörde, Tel. 04761 987150, www.parkdersinne-brv.de, www.delphino-bremervoerde.de

Familienfreundliche Einkehrmöglichkeiten
Melkhus (Milchraststätte) und Bauernhof Stelling, Irmi Stelling, Ostendorfer Straße 12, 27432 Bremervörde-Ostendorf, Tel. 04769 327

Haus am See, Huddelberg, 27432 Bremervörde, Tel. 04761 2024, www.haus-am-see-bremervoerde.de

Streckenführung
Bremervörde – Nieder Ochtenhausen – Ostendorf – Iselersheim – Gräpel – Elm – Waldgebiet Horner Holz

GPX-Track
kostenlos unter www.bikemap.net/route/939026

Gesamtlänge
50 bzw. 39 km

Ostekultur-Radtour

Treten Sie mit Ihrer Familie in die Pedale, gehen Sie auf Entdeckungsreise und erleben Sie die zahlreichen Natur- und Kulturhighlights entlang der Oste, einem der schönsten Nebenflüsse der Elbe. Die gesamte Ostekultur-Route ist etwa 50 Kilometer lang. Für Familien, die nicht so weit radeln und öfter mal vom Rad absteigen möchten, empfehlen wir die kürzere Variante (39 Kilometer). Ambitionierte und trainierte Familien können natürlich die gesamte Tour fahren.
Start- und Endpunkt der Route ist die Stadt **Bremervörde**, wo der **Vörder See** mit dem **Natur- und Erlebnispark** viele Möglichkeiten für Entdeckungen bietet. Eigentlicher Ausgangspunkt der Ostekultur-Route ist die St. Liborius-Kirche. Wenn Sie mit dem Auto anreisen, empfehlen wir Ihnen, aufgrund der besseren und kostenlosen Parkmöglichkeiten den „Natur- und Erlebnispark Bremervörde" als Ausgangspunkt zu wählen. Dort können Sie beim „Restaurant Haus am See" starten, wo sich auch öffentliche Toiletten befinden. Sollten Sie mit der Bahn anreisen, dann können Sie Ihre Tour an der St. Liborius-Kirche starten. Vom Bahnhof aus fahren Sie entlang der Bahnhofstraße in die Fußgängerzone „Brunnenstraße". Hier folgen Sie dem rechten Durchgang in Richtung Rathausmarkt, auf dem linksseitig die St.-Liborius-Kirche liegt.
Die gesamte Ostekultur-Route ist, wie alle Radrouten im Landkreis Rotenburg (Wümme), vollständig ADFC-konform ausgeschildert. Folgen Sie den „drei blauen Wellen" des Ostekultur-Logos. Bei der kurzen Variante müssen Sie, nachdem Sie das Waldgebiet Horner Holz verlassen haben (nach ca. 30 Kilometern), dem Logo mit den „zwei grünen Bäumen", der Waldentdecker-Route, bis zur St.-Libo-

Wunderschön und direkt am Vörder See liegt der Natur- und Erlebnispark Bremervörde. Landschaft, Natur und Stadtarchitektur wurden zu einem faszinierenden Ganzen zusammengeführt.

Mit ihrer 170-jährigen Geschichte gehört das Industriedenkmal Ziegelei Pape zu einem der ältesten Zeugnisse einer mittlerweile vergangenen Epoche. Der in der Nähe von Bremervörde liegende Betrieb hat die wirtschaftliche Entwicklung im Weser-Elbe-Raum maßgeblich mitgeprägt.

rius-Kirche folgen. Von dort geht es entweder mit dem gewohnten Logo der Ostekultur-Route zurück zum Ausgangspunkt „Haus am See“, oder Sie folgen der Fußgängerzone Brunnenstraße und der Bahnhofstraße bis zum Bahnhof Bremervörde.

Von Bremervörde aus radelt man durch saftige Wiesen und Felder am Kornspeicher Nieder Ochtenhausen vorbei, den nächsten Familienhighlights entgegen. Neben einem Abstecher zum Findorff-Haus in Iselersheim lohnt sich außerdem ein Besuch des Bauernhofes der Familie Stelling in Ostendorf. Stärken Sie sich im Melkhus, einer Milchraststätte, für die Fahrt mit der Prahmfähre. Am anderen Osteufer entlang, vorbei an der Windmühle Henriette in Elm durch das Horner Holz, gelangen Sie hinter dem Waldgebiet an eine Abzweigung. Von dort können Sie auf der Waldentdecker-Route zurück nach Bremervörde fahren. Oder Sie machen noch einen Abstecher zur Heimathausanlage Plönjeshausen und zur **Historischen Ziegelei Pape** in Bevern, bevor es zurück nach Bremervörde geht. Lassen Sie im Hafen, der Fußgängerzone, am Vörder See oder im regionalgeschichtlichen **Bachmann-Museum** den Tag entspannt ausklingen, bevor Sie die Heimreise antreten. Wer die kurze Route gewählt hat, kann auch noch einen Abstecher in das „grüne Juwel“ Bremervördes, den Natur- und Erlebnispark am Vörder See, machen. Der Park zeichnet sich durch ein interessantes Gesamtkonzept mit vielen attraktiven Einzelangeboten aus. Die größten und bekanntesten davon sind die Welt der Sinne, das Café Dunkel und das Haus des Waldes mit seiner urzeitlichen Waldanlage und der geschichtlichen Darstellung des Waldes von gestern bis heute sowie die NABU-Umweltpyramide. Des Weiteren gehört das Familienbad „Delphino“ zur Natur- und Erlebnispark Bremervörde GmbH. Es liegt nicht weit entfernt und ist ein beliebtes Hallen- und Freibad, unter anderem mit der neu gebauten Großröhrenrutsche „Blue Flash“.

Stiftung Bachmann-Museum
Bremervörde, Amtsallee 8,
27432 Bremervörde,
Tel. 04761-9834603,
www.bachmann-museum.de

In und um Rotenburg (Wümme)

Weitere Informationen
Informationsbüro der Stadt Rotenburg (Wümme), Große Straße 1, 27356 Rotenburg (Wümme), Tel. 04261 71100, www.rotenburg-wuemme.de

Touristikverband Landkreis Rotenburg zwischen Heide und Nordsee e.V., Am Pferdemarkt 1, 27356 Rotenburg (Wümme), Tel. 04261 81960, www.TouROW.de

Am Rande der **Lüneburger Heide**, an der **Wümme**, umgeben von Wäldern, Mooren und Geest, liegt die Kreisstadt **Rotenburg**. Die „Wümmestadt" bietet ihren Gästen jede Menge Kunst und Kultur, Rad- und Wanderwege sowie Wasser- und Badespaß.

Die Stadt Rotenburg geht auf eine Burg der Bischöfe von Verden zurück. Wegen dieser Burg wurde der Ort bis zu den napoleonischen Kriegen immer wieder erobert, niedergebrannt und zerstört. Dennoch findet man einige repräsentative Gebäude. Kaum Spuren hinterließen die Schweden (1648–1715) und die hannoversche Zeit (1715–1866). In der napoleonischen Zeit wurde dagegen 1811–1813 eine wichtige Heerstraße gebaut, die spätere B 75 (heute „Große Straße – Fußgängerzone"). Seit 1874 ist Rotenburg an die Eisenbahn angeschlossen. Mit dem Diakoniekrankenhaus und den „Rotenburger Werken der inneren Mission" prägen kirchlich-soziale Einrichtungen den Ort.

Am besten erkundet man die Stadt auf dem sechs Kilometer langen **Kulturpfad**. Alte Apotheke, Stadtstreek, Stadtkirche, Heimathausgelände, Wassermühle und zahlreiche Kunstobjekte sind dabei nur einige von insgesamt 35 Stationen. Drei kleine Museen, wie das des Rotenburger Kirchenmalers Prof. Rudolf Schäfer, das Museum am Diakonissen-Mutterhaus und das Jüdische Museum in der Cohn-Scheune, sind in historisch und stadtgeschichtlich wichtigen Gebäuden zu besuchen.

Kunstliebhaber kommen in dem wohl kleinsten Kunstmuseum Deutschlands, dem **Kunstturm Rotenburg**, sowie im **Skulpturengarten** auf ihre Kosten. Ein Veranstaltungshighlight ist der **Rotenburger Kartoffelmarkt**, der jährlich am letzten Sonntag im September stattfindet. Hier wird auch die Deutsche Kartoffelkönigin gekrönt.

Das 1779 errichtete Heimathaus in Rotenburg lädt zum Verweilen ein. Der Innenbereich ist zur Zeit nicht zu besichtigen, aber im Außenbereich lädt eine große Parkanlage mit einem Apotheker- und Bauerngarten sowie einer Kneippanlage zum Erkunden ein.

Wer lieber in der Natur unterwegs ist, für den gibt es zahlreiche Spazier- und Wanderwege sowie ein gut ausgeschildertes Radwegenetz mit attraktiven Themenrouten rund um Rotenburg. So laden Mühlen-, Ähren-, Wald-, Hügelgräber- und die Kräuterroute sowie der überregionale **Wümme-Radweg** zum ausgiebigen Radfahren ein.
Im Sommer kommen im Rotenburger **Weichelsee** Schwimmer, Segler und Surfer auf ihre Kosten. Auch der nahe gelegene **Bullensee** lädt zum Schwimmen ein. Ganzjähriges Badevergnügen bietet das Erlebnisbad Ronolulu mit Saunalandschaft, Hallen- und Freizeitbad und Riesenrutsche.

Walter Kempowski und das Haus Kreienhoop
Ein besonderes Ausflugsziel für literarisch Interessierte findet sich etwa 20 Kilometer von Rotenburg entfernt in dem kleinen Dorf Nartum bei Ghyum: Haus Kreienhoop, das Anwesen von Walter Kempowski (1929–2007), in dem der Schriftsteller viele Jahrzehnte lebte und arbeitete. Von der

Etwas Besonderes sind die Literaturnachmittage und Konzerte im „Haus Kreienhoop“, der ehemaligen Wirkungsstätte des Schriftstellers Walter Kempowski.

Kempowski Stiftung Haus Kreienhoop, Zum Röhrberg 24, 27404 Nartum, Tel. 04288 438, www.kempowski-stiftung.de

Straße aus ist es kaum zu erkennen – so verwunschen liegt es in dem großen Naturgarten, zwischen Feldern und Wiesen, gebaut in die weite Moorlandschaft mit Birkenwäldchen am flachen Horizont. Das von Walter Kempowski selbst entworfene Haus offenbart die Innenwelt des Künstlers und zeigt dabei eine beeindruckende Außenwirkung. Entstanden ist ein Ort voller Überraschungen – mit Innenhof, Saal, Pavillon und Turm, mit Büchergängen, Arbeitskabinetten, „Lotterecke“ und Veranda. Der weitläufige Garten mit Laube und Allee ist gewachsene Natur, gleichzeitig aber auch Nutzgelände mit Obstbäumen, Hühnerstall und Schafsweide. Mit Gründung der Stiftung Haus Kreienhoop im Jahr 2005 wollte Walter Kempowski die in seinem Werk begründete Erinnerungskultur auch regional verankern und die Nutzungsmöglichkeiten des gesamten Anwesens für die Öffentlichkeit erhalten. Haus Kreienhoop war immer ein gastfreundlicher Ort. Dieser Tradition, von Walter Kempowski selbst begründet, fühlt sich die Stiftung verpflichtet: Autorenlesungen, Literaturnachmittage, Musikabende, Seminare und Tagungen stehen auf dem Programm. Eine Hausbesichtigung „auf gut Glück“ ist jederzeit möglich – vorausgesetzt, Hildegard Kempowski oder Stiftungsmitarbeiterinnen und -mitarbeiter sind vor Ort. Kommen Sie einfach vorbei und klingeln, aber bitte respektieren Sie die Mittagsruhe.

Tister Bauernmoor mit Moorbahn und Beobachtungsturm, Hauptstraße 69, 27419 Tiste, Tel. 04282 911509, www.moorbahn.de

Tister Bauernmoor

Einmal nichts hören als nur das Singen der Vögel und das Rauschen des Windes in den Bäumen – dies ist im rund 30 Kilometer von Rotenburg (Wümme) entfernt gelegenen Naturschutzgebiet Tister Bauernmoor bei Sittensen möglich. Besonders in der Zeit des Vogelzugs im Frühjahr und

Herbst ist das Moor Rast- und Schlafplatz für große Schwärme von Gänsen, Kiebitzen und anderen „Reisenden". Vom Aussichtsturm mit Blick auf die wieder vernässten Flächen des abgetorften Moores können Sie zu dieser Zeit Tausende rastende Kraniche beobachten. Darüber hinaus ist das Moor Brut- und Lebensraum für 43 Vogelarten wie Seeadler, Baumfalke und Rohrweihe. Wenn Sie das Moor mit der Moorbahn „erfahren" möchten, ist dieses an besonderen „Bahntagen" möglich.

Durch das Große und Weiße Moor und um den Bullensee herum hat der NABU Rotenburg in Zusammenarbeit mit der Naturschutzbehörde des Kreises vier Erlebnis-Wanderwege mit interaktiven und wissensvermittelnden Hinweis- und Themenpavillons angelegt. In der Moorerlebniszone kann zudem der Lebensraum Moor mit allen Sinnen erkundet werden.

Weitere Informationen
Touristikverband Landkreis Rotenburg zwischen Heide und Nordsee e.V.
Am Pferdemarkt 1, 27356 Rotenburg (Wümme),
Tel. 04261 81960,
www.TouROW.de

Kanuvermietungen
Wümme-Kanuverleih Rutner, Hans-Jürgen Rutner, Schmiedeberg 37, 27389 Lauenbrück, Tel. 04267 1543,
www.wuemmekanu.de

Kanuverleih Karin Küsel – Cohrs Hof, Karin Küsel, Viehweg 1, 27367 Hellwege, Tel. 04264 399199,
www.cohrs-hof.de

KanuEsel Tours – Kanuvermietung & Touren, Arno Virkus, Im Fuhrkamp 14, 27359 Vahlde, Tel. 04265 954245, www.kanuesel.de

Wasserwandern auf der Wümme

Greifen Sie zum Paddel und gehen Sie auf Entdeckungsreise in der abwechslungsreichen Kultur- und Naturlandschaft der Wümmeniederung. Die etwa 118 Kilometer lange Wümme entspringt in der Nähe des Wilseder Berges, mit 169 Meter über Normalnull die höchste Erhebung der Lüneburger Heide. Von dort aus nimmt die Wümme ihren Weg vorbei an Heide, Wald und Wiesen und vereint sich in Ritterhude bei Bremen mit der Hamme zur Lesum, welche wiederum in Vegesack in die Weser mündet.

Zwischen Rotenburg und Bremen verzweigt sich die Wümme in einen Nord-, Mittel- und Südarm, wodurch die Wümmewiesen – ein einzigartiges Binnendelta – entstanden sind. Diese bieten einen idealen Lebensraum für seltene Tier- und Pflanzenarten wie den Fischotter oder den Eisvogel. Ein besonderes Naturschauspiel vollzieht sich alljährlich im Frühjahr und Herbst, wenn Tausende Zugvögel auf ihren langen Flügen in den Weiten der Wümme-Auen rasten.

Je nachdem wie weit Sie fahren möchten, bieten sich mehrere Einstiegsstellen für Kanus an: Scheeßel-Helvesieker Brücke, Scheeßel-Mühlenwehr, Rotenburg-Stadtmitte, Rotenburg-Unterstedter Wehr, Sottrum-Everinghausen. Die Ufer sind befestigt oder mit Treppenstufen ausgestattet, sodass ein einfaches und sicheres Ein- und Aussteigen möglich ist. An den wenigen Wehren der Wümme, Scheeßeler Mühlenwehr, Rotenburg-Unterstedter Wehr, Ahauser Mühlenbach, Ortseingang Hellwege und Ortsausgang Hellwege, müssen die Boote umgetragen werden. Eine Weiterfahrt auf dem Wümme-Nordarm in Richtung Ottersberg und Fischerhude ist möglich. Von Fischerhude gelangen

Die etwa 118 Kilometer lange Wümme entspringt in der Lüneburger Heide und fließt durch eine abwechslungsreiche Landschaft Richtung Bremen. Entdecken Sie diese einzigartige Region mit dem Kanu!

Ein Ausflug in einem der historischen Torfkähne auf der Wümme erinnert daran, unter welchen enormen Belastungen die ehemaligen Bewohner dieser Region gelebt und gearbeitet haben. Früher wurde der im Moor gewonnene Torf über die Wümme und Hamme nach Bremen transportiert.

Torfkahnfahrten
Heino Lütjen, An der Kreuzkuhle 13, 27442 Gnarrenburg, Tel. 04794 263, www.kreuzkuhle.de

Sie dann über Borgfeld beziehungsweise Lilienthal in das Bremer Blockland. Hier passieren Sie mit dem Boot Kuhsiel und Dammsiel, bevor Sie in Ritterhude den Zusammenfluss der Wümme mit der Hamme (in die Lesum) erleben.

Das Befahren der Wümme ist nur bei grünem Wasserpegel erlaubt. Achten Sie bitte auf die Pegelstandsanzeige an den jeweiligen Ein- und Ausstiegsstellen oder informieren Sie sich im Internet (www.TouROW.de) über die aktuellen Pegelstände.

Ein besonderer Tipp: Wer gerne aufs Wasser, sich aber nicht selbst anstrengen möchte, kann an Torfkahnfahrten teilnehmen. Heino Lütjen, der einzige Torfkahnkapitän des Landkreises Rotenburg (Wümme), bietet Bootstouren vom Oste-Hamme-Kanal durch die Kollbeck zur Hamme an. Auf der Fahrt erfahren Sie Wissenswertes über das Teufelsmoor und die alte Tradition des Torfstechens sowie des Torftransports. Mit Sicherheit ist die eine oder andere spannende Geschichte dabei.

Wer lieber mit dem Rad statt mit dem Boot die Wümme erkunden möchte, dem bietet sich der ca. 250 Kilometer lange **Wümme-Radweg** an. Der Wümme-Radweg-Rundkurs (mit einer Nord- und Südroute) führt Sie in unterschiedliche Landschafts- und Siedlungsräume in der Norddeutschen Tiefebene. Deiche, Flussniederungen, Auelandschaften, Moore und Heideflächen mit ihren vielfältigen Pflanzen- und Tierwelten begleiten Sie. Idyllische und verträumte Dörfer, reizvolle Städtchen und die Bremer „große weite Welt" laden zum Entdecken ein. Weitere Infos gibt es für Interessierte auf www.wuemme-radweg.de.

Direkt am Wümme-Deich liegt die Traditions-Gaststätte „Zur Schleuse". Das Erfolgsrezept: Rustikale Genüsse mit einem Hauch moderner Küchenkunst.

Gastronomie

Melkhuis am Wümmedeich
Hof Hagensfähr, Hagensfährer Weg 1, 27721 Ritterhude, Tel. 04292 1292

Zur Schleuse
Truperdeich 35, 28865 Lilienthal, Tel. 04298 2025, www.geffken-zur-schleuse.de

Niedersachsen

Südlich und südöstlich von Hamburg

Hagenow
24
Boizenburg/Elbe
Ludwigslust
Lübtheen
184
Bleckede
Grabow
Elbe
Hitzacker (Elbe)
Dömitz
Dannenberg
Lenzen (Elbe)
sen
Elbe
190
Schnackenburg
186
Lüchow
Wustrow
dt
Wieren
Arendsee
Salzwedel
d Bodenteich
N

Der Regionalpark Rosengarten
Das Hoch in Hamburgs Süden

Weitere Informationen
www.regionalpark-rosengarten.de

Wildpark Schwarze Berge
Am Wildpark 1, 21224 Rosengarten-Vahrendorf, Tel. 040 8197747-0, info@wildpark-schwarze-berge.de, www.wildpark-schwarze-berge.de
Ganzjährig geöffnet, April–Okt. 8–18 Uhr, Nov.–März 9–17 Uhr

Freilichtmuseum am Kiekeberg
Am Kiekeberg 1, 21224 Rosengarten-Ehestorf, Tel. 040 790176-0, info@kiekeberg-museum.de, www.kiekeberg-museum.de
Geöffnet: im Sommer Di.–Fr. 9–17 Uhr, Sa./So. 10–18 Uhr; im Winter Di.–So. 10–16 Uhr

Der Höhenzug der Harburger und Schwarzen Berge, weite Heide-, Moor- und Ackerflächen und das idyllische Tal der Este bilden den reizvollen Landschaftsmix des Regionalparks Rosengarten. Zu dem abwechslungsreichen Naherholungsgebiet in Hamburgs Süden zählen die Stadt Buchholz in der Nordheide, die Samtgemeinde Hollenstedt, die Gemeinden Rosengarten und Neu Wulmstorf sowie Teile des Hamburger Bezirks Harburg.
Ein besonders lohnendes Ausflugsziel für jede Jahreszeit ist der 50 Hektar große **Wildpark Schwarze Berge**. In großzügigen Freigehegen leben über 1000 Tiere, unter anderem Rothirsche, Waschbären, Wildschweine, Wölfe, Uhus, Luchse und Bären. Ein besonderes Erlebnis sind die Fütterungen und die täglichen Flugschauen. Berge und Täler, Teiche und ein idyllischer Waldsee laden zu wunderschönen Spaziergängen um die Tiergehege ein. Einen einmaligen Panoramablick über den Großraum Hamburg genießen Sie vom 31 Meter hohen Elbblickturm. Im Frei- und Streichelgehege lassen sich Damwild, Ziegen und Hängebauchschweine mit der Hand füttern. Für die kleinen Gäste gehts anschließend auf den riesigen Spielplatz mit vielen aufregenden Spielgeräten. Der Wildpark Schwarze Berge bietet ganzjährig ein vielfältiges Veranstaltungsprogramm: Neujahrs-Wolfsführung, Laternenumzug mit Märchenerzähler, spannende Nachtwanderungen ...
Auf dem 12 Hektar großen Gelände des **Freilichtmuseums am Kiekeberg** kann man in über 30 historischen Bauernhäusern, Scheunen und Wirtschaftsgebäuden mit traditioneller Inneneinrichtung anschaulich erfahren, wie unsere Vorfahren in der Lüneburger Heide und der Winsener Marsch lebten. Zu den ständigen Bewohnern gehören unter anderem Ramelsloher Blaubeine, Schleswiger

Ein besonderes Erlebnis im Wildpark Schwarze Berge sind die täglichen Flugschauen von der Falknerei Thomas Wamser, die auch Lehrreiches zum Verhalten der Tiere vermittelt.

Kaltblüter und Schwarzbuntes Niederungsvieh – alles Nutztierrassen, die um 1900 auf Bauernhöfen der Region typisch waren und heute überwiegend vom Aussterben bedroht sind. In Schaugärten pflanzen und vermehren Gärtner heimische alte Obst- und Gemüsesorten und präsentieren die Gartengestaltung vergangener Jahrhunderte. „Geschichte zum Mitmachen" ist das Motto des lebendigen und familienfreundlichen Freilichtmuseums, in den verschiedenen Schaubetrieben, auf dem Wassererlebnispfad, im Agrarium, bei den spannenden und kindgerechten Mitmach-Stationen. Dort können Sie das Leben vergangener Zeiten auf dem Land nicht nur ansehen, sondern riechen, fühlen, schmecken und hören. Das ganze Jahr über finden Aktionstage statt: vom Schlachtfest oder Käsemarkt über Traktoren- und Oldtimertreffen bis hin zum historischen Jahrmarkt und den Pflanzenmärkten. Die Museumsgaststätte „Stoof Mudders Kroog" im historischen Pfarrwitwenhaus bietet heimische Gerichte wie zu Großmutters Zeiten.

Das Freilichtmuseum am Kiekeberg macht Geschichte lebendig. In über 30 historischen Gebäuden – wie in diesem Kolonialwarenladen aus den 1950er Jahren – wird gezeigt, wie unsere Vorfahren gelebt und gearbeitet haben.

Mühlenmuseum Moisburg
Auf dem Damm 10, 21647 Moisburg, Tel. 04165 6575, info@muehlenmuseum-moisburg.de, www.muehlenmuseum-moisburg.de
Geöffnet: Mai–Okt. Sa./So. 11–17 Uhr

Eine Außenstelle des Freilichtmuseums ist das **Mühlenmuseum Moisburg**. Urkundlich erwähnt wurde die ehemalige Amtswassermühle an der Este bereits im 14. Jahrhundert. Seit 1985 beherbergt sie das Mühlenmuseum, in der historischen Mahlstube wurde ein kleines Cafe eingerichtet. Informiert wird über die regionale Mühlengeschichte und die Arbeit des Mühlbauers. Eines der drei Wasserräder ist noch voll funktionstüchtig. Von Mitte April bis Ende Oktober dreht es sich jedes Wochenende durch die Este, an jedem Sonntag im Monat finden Mahltage statt.

Im Regionalpark Rosengarten gibt es ein Netz hochwertiger Freizeitrouten zum Radfahren, Mountainbiking, Wandern, Nordic Walking und Reiten. Mit 14 Kilometern Länge empfiehlt sich als Wandertour zum Beispiel der **Rundwanderweg Este West** durchs malerische Estetal. Start- und Endpunkt ist die St.-Andreas-Kirche in Hollenstedt. Folgen Sie einfach den gelben Wanderpfeilen, die Sie als Farbmarkierungen, Aufkleber und auf Wan-

derschildern entlang des Weges finden, und genießen Sie eine abwechslungsreiche Tagestour mit reizvollen Wald-, Feld- und Flussstrecken sowie zahlreichen kulturellen Sehenswürdigkeiten. Erleben Sie den romantischen Appelbecker See, historische Ortskerne mit Fachwerkhäusern, alten Höfen und sehenswerten Kirchen und nehmen Sie sich die Zeit, das Amtshaus und das Mühlenmuseum in Moisburg zu besichtigen. Es lohnt sich!

Hier drehen sich seit dem 14. Jahrhundert die Mühlräder. Die Amtswassermühle in Moisburg ist eine der letzten noch voll funktionstüchtigen Mühlen in der Region. Jeden Sonntag finden Mahltage statt.

Schneverdingen

Die Eine-Welt-Kirche, ein Gotteshaus ganz aus Holz, das aus heimischen Wäldern stammt.

Weitere Informationen
Schneverdingen Touristik, Rathauspassage 18, 29640 Schneverdingen, Tel. 05193 93800, www.schneverdingen-touristik.de

Markusgemeinde Schneverdingen, Ernst-Dax-Str. 8, 29640 Schneverdingen, Tel. 05193 4130, www.eine-welt-kirche.de

Der staatlich anerkannte Luftkurort Schneverdingen liegt innerhalb des Naturparks Lüneburger Heide am Rand des Naturschutzgebiets Lüneburger Heide. Eine reizvolle Landschaft umgibt die Stadt und seine zehn Ortschaften. Sie ist wie geschaffen für Rad- und Inliner-Touren und lange Wanderungen. Beschilderte Radwanderwege, zwei Bäder und ein umfangreiches Sportangebot bieten auch etwas für Sportbegeisterte. Publikumsmagnet ist das alljährliche Heideblütenfest am letzten Sonntag im August mit der Krönung der Heidekönigin und dem großen Festumzug mit über eintausend Mitwirkenden. Als Botschafterin der Lüneburger Heide repräsentiert die Schneverdinger Heidekönigin ihre Heimat auf Veranstaltungen in ganz Deutschland.

Das ganze Jahr über sehenswert ist die lichtdurchflutete **Eine-Welt-Kirche** der Markusgemeinde im Südosten Schneverdingens, die im Rahmen der Expo 2000 entstanden ist. Als Baustoff wurde in erster Linie Holz verwendet. Das tragende Balkenwerk besteht aus Fichtenholz mit Stahlverspannungen, Wände und Dach aus Eichenholz und innen aus Kiefernholz. Die Kirche wurde über einen schon lange existierenden Schul- und Spazierweg gebaut, der durch das Alltagsverhalten der Bürger entstanden war. Er wird auch heute noch genutzt und führt jetzt durch das Gotteshaus. Dadurch soll die Offenheit der Kirche für alle Menschen und der Wunsch der Gemeinde nach Begegnung deutlich werden, was die großen Glasflächen noch unterstreichen.

Mittelpunkt der Kirche ist der **Eine-Erde-Altar**, der die gemeinsame globale Basis aller Menschen symbolisiert. Idee und Entwurf stammen von der Künstlerin Marianne Greve. Der Altar hat die Form eines Flügeltriptychons und erinnert mit geöffneten Flügeln an das Kreuz. Er besteht aus doppelwandigen, glasperlgestrahlten Edelstahlprofilen mit

Der Eine-Erde-Altar: Genauere Informationen über die Herkunft der Erdspende und den Spender erhalten Sie unter www.eine-erde-altar.de

satinierter Oberfläche und Acrylglas. Die Künstlerin wollte ein Symbol verwenden, das weltweit und konfessionsübergreifend als gemeinsamer Wert verstanden werden kann. Ein solches Sinnbild ist Erde. In dem Altar können bis zu 7000 Erdproben in transparenten Behältern in Buchform ausgestellt werden. Das Buch ist die Urform kultureller Aktivität und wird weltweit als solches begriffen. Erden aus der eigenen Gemeinde sollen mit Erden aus allen Teilen der Welt vereint den Altar füllen. Sie sind herzlich dazu aufgerufen, Erde, die Ihnen etwas bedeutet, für den Eine-Erde-Altar mitzubringen.

Ein weiteres attraktives Ausflugsziel für die ganze Familie ist Hof Möhr, Sitz der Alfred Toepfer Akademie für Naturschutz. Seit 1982 ist der alte Heidehof ihr Sitz, heute arbeiten hier die Mitarbeiter und Mitarbeiterinnen der Fachbereiche Forschung und Dokumentation und Verwaltung. Die Hofanlage mit Bauerngarten, Streuobstwiese, Naturspielgarten, Nistkastenwand und Pflanzenkläranlage liegt idyllisch zwischen alten, knorrigen Eichen im Naturschutzgebiet Lüneburger Heide. Hier sind fast alle typischen Lebensräume Norddeutschlands zu Fuß in wenigen Minuten erreichbar. Auf dem Lehrpfad „Der Uhlenstieg" können Sie das Hofgehölz mit seinem wertvollen alten Baumbestand durchwandern.

Alfred Toepfer Akademie für Naturschutz, Hof Möhr, 29640 Schneverdingen, www.nna.niedersachsen.de

Die Kunststätte Bossard
Lebenstraum in der Nordheide

Adresse
Stiftung Kunststätte Johann und Jutta Bossard, Bossardweg 95, 21266 Jesteburg, Tel. 04183 5112, www.bossard.de

Öffnungszeiten
Nov.–Feb. Sa.–So. 10–16 Uhr, März–Okt. Di.–So. 10–18 Uhr, zusätzlich Ostermontag und Pfingstmontag, geschlossen 24. + 25.12., 31.12. + 1.1.

Eintritt
Mit Ihrer Eintrittskarte für Erwachsene erhalten Sie zusätzlich einmalig freien Eintritt in das Freilichtmuseum am Kiekeberg.

Anfahrt
A7, Abfahrt Ramelsloh oder A1, Abfahrt Dibbersen. Ab hier ist die Kunststätte mit braunen Hinweisschildern ausgeschildert. Mit öffentlichen Verkehrsmitteln ab Bahnhof Harburg oder Buchholz mit Bussen des HVV (www.hvv.de) oder mit dem kostenlosen Heide-Shuttle-Bus (Linie 3).

In der Abgeschiedenheit der Lüneburger Nordheide entstand zwischen 1911 und 1950 eine einzigartige Anlage. Auf einem drei Hektar großen Heidegrundstück zwischen Jesteburg und Lüllau, mitten im Wald gelegen, hat das Künstlerehepaar Johann Michael Bossard (1874–1950) und Jutta Bossard-Krull (1903–1996) seinen Traum der Einheit von Kunst und Leben verwirklicht. In vier Jahrzehnten schufen sie zusammen über 5000 Kunstwerke und vereinten Architektur, Bildhauerei, Malerei, Kunstgewerbe und Gartenkunst zu einem der wenigen erhaltenen Gesamtkunstwerke Europas. Dabei wurden nicht nur die verschiedenen Stile der Zeit aufgegriffen, sondern auch unterschiedliche und moderne Materialien verwendet. Heute ist die Kunststätte Bossard ein einzigartiger Ort, an dem expressionistische Wandmalerei und Raumausstattung im ursprünglichen Zusammenhang erhalten geblieben sind. Zu sehen sind die Ausstellungen im Neuen Atelier, der Kunsttempel sowie der Eddasaal und das Urgebraus im Wohn- und Atelierhaus.

Im Konzept der Kunststätte spielt die Gartenanlage eine wichtige Rolle. Sie erfüllte als Ort von Obst- und Gemüsebau, Nutztierhaltung und Ackerbau ein zentrales inhaltliches Anliegen der Bossards: das unmittelbare Erleben von traditioneller Landwirtschaft und Natur als Alternative zur städtischen Lebensweise in der Zeit der Industrialisierung. Auch im Hinblick auf die künstlerische Gestaltung spielte die Gartenanlage eine wichtige Rolle. Durch die geometrische Anpflanzung von Bäumen und durch das Anlegen von Alleen, aber auch durch Steinsetzungen wurden die einzelnen Areale des Grundstücks gestaltet. Die Kunststätte Bossard ist als Gesamtkunstwerk daher nur in Verbindung mit der Außenanlage zu verstehen.

Ein Gesamtkunstwerk: die Kunststätte Bossard. Hier verwirklichten Johann Michael Bossard und seine Frau Jutta Bossard-Krull ihren Traum von der Einheit von Kunst, Natur und Leben.

Die Kunststätte bietet jedes Jahr ein lebendiges Ausstellungs- und Veranstaltungsprogramm mit Führungen, Kreativkursen und Sonderveranstaltungen wie Open-Air-Konzerten. Bei Veranstaltungen wie den Kreativkursen haben Kinder, Jugendliche und Erwachsene an der Kunststätte die Möglichkeit, ein Erholungsangebot wahrzunehmen, in dem sich Naturerlebnis, Kunstgenuss und eigene Kreativität miteinander verbinden.

Naturpark Lüneburger Heide
Undeloh und Wilsede

Familienfreundliche Einkehrmöglichkeiten
Teestube Undeloh, Zur Dorfeiche 15, 21274 Undeloh, Tel. 04189 205

Café & Gastehaus „Hermann Löns", Neunstücken 2, 21274 Undeloh, Tel. 04189 395

Wittes Hotel, Zum Loh 2, 21274 Undeloh, Tel. 04189 813360, www.wittes-hotel.de

Hotel Heiderose, Wilseder Straße 13, 21274 Undeloh, Tel. 04189 311, www.Hotel-Heiderose.de

Weitere Informationen
Verkehrsverein Undeloh und Umgebung, Zur Dorfeiche 27, 21274 Undeloh, Tel. 04189 333, info@undeloh.de, www.undeloh.de

Heide-ErlebnisZentrum Undeloh, Wilseder Straße 23, Undeloh, Tel. 04189 818648, hez@verein-naturschutzpark.de, www.heide-erlebniszentrum.de
Öffnungszeiten: Ganzjährig 10–17 Uhr, Eintritt frei

www.naturpark-lueneburger-heide.de, www.verein-naturschutzpark.de

Der Naturpark Lüneburger Heide erstreckt sich über 107 000 Hektar – von Buchholz in der Nordheide bis nach Soltau, von Schneverdingen bis an die Grenzen der Stadt Lüneburg. Sein Zentrum ist das etwa 23 400 Hektar große Naturschutzgebiet Lüneburger Heide, das ab 1909 nach und nach unter Schutz gestellt wurde und damit als Keimzelle des Naturschutzes in Deutschland gilt. Die durch Waldrodung infolge von Ackerbau und Salzabbau entstandene jahrhundertealte Heidelandschaft konnte so erhalten werden und ist heute ein beliebtes Naherholungsgebiet.
Die Besenheide (Calluna Vulgaris) blüht von August bis September (Faustregel: 8.8. bis 9.9.). Dann wird die Landschaft in ein kräftiges Violett getaucht und entwickelt ihre ganz besondere Anziehungskraft. Aber natürlich kann die Blüte auch mal früher oder später einsetzen.
Das 800 Jahre alte Dörfchen **Undeloh** liegt inmitten des Naturparks. Die Magdalenenkirche aus dem 12. Jahrhundert mit frei stehendem Glockenturm und lebensgroßem romanischem Kruzifixus im Inneren, das alte Rauchhaus „Hoyers Hus" von 1690, reetgedeckte Hof- und Bauernhäuser von 1900, drei historische Schafställe, die Pferdekutschen, viele gemütliche Gasthäuser und Cafés mit speziellen Heidjergerichten prägen das Flair des Ortes. Ein besonderer Magnet für Groß und Klein ist das Heide-ErlebnisZentrum des Vereins Naturschutzpark. Es vermittelt multimedial und erlebnisorientiert alles Wissenswerte über die Heide, ihre Geschichte, Kultur und Ökologie. Unter anderem erzählen alte Heidebauern, Schäfer und Imker von ihrer Arbeit.
An Undeloh grenzen direkt die größten zusammenhängenden Heideflächen Mitteleuropas an. Unmittelbar eröffnet sich die landschaftliche Viel-

Rund um den Wilseder Berg ist die durch Waldrodung entstandene Heidelandschaft besonders gut erhalten.

falt mit freien Höhenrücken, den heidetypischen Wacholdern, Bachläufen, Mischwäldern, kleinen Moorgebieten und bronzezeitlichen Hügelgräbern. Der Ort ist also der ideale Ausgangspunkt für die Erkundung der Schönheiten dieser Landschaft. Ob auf den bezeichneten Rundwegen verschiedener Länge, ob auf dem 7 Kilometer langen Heidelehrweg oder auf weiteren Strecken – für jeden Anspruch bietet das Wanderwegenetz vielfältige Möglichkeiten und Attraktionen. Verschiedene Wander-, NordicWalking-, Rad- und Reitrouten-Karten hält die Touristinformation Undeloh für Sie bereit. Beginn und Ende der Rundwege ist an den Starttafeln in der Ortsmitte.

Der Klassiker: eine Kutschfahrt oder Wanderung ins 4 Kilometer entfernte **Wilsede**. Das nur wenige Einwohner zählende Museumsdorf gilt als „Zentralort" der Lüneburger Heide und kann nicht mit dem Auto erreicht werden – Kraftfahrzeugverkehr ist im Naturschutzgebiet nicht erlaubt. Bestaunen Sie hübsche reetgedeckte Häuser und erfahren Sie

Tipp

Eine Familienrallye mit 19 Stationen führt über einen Teil des Undeloher Heidelehrwegs (4 km). Erwerben Sie mit Ihren Kindern die Heiderallye-Urkunde! Unterlagen in der Touristinformation oder im Heide-Erlebnis-Zentrum.

Wie im Bilderbuch: Heidschnucken, ein Pferdegespann mit Heidebesuchern und ein kopfsteingepflasterter Weg.

Tipp
Die „Heide-Qualitäts-Kutscher" legen nicht nur auf Pflege von Pferd und Kutsche besonderen Wert, sondern halten sich auch auf dem Laufenden über die Neuerungen in der Lüneburger Heide, damit sie Ihnen während der Fahrt umfassende Informationen geben können. Vor Ort erkennen Sie sie an der Weste mit dem Aufdruck „Qualitäts-Kutscher" und dem Logo der Lüneburger Heide. Eine Liste der zertifizierten Kutschbetriebe und die Abfahrtsorte finden Sie auf www.kutsche-lueneburger-heide.de.

im Heimatmuseum „Dat ole Huus" des Vereins Naturschutzpark etwas über das Alltagsleben der Heidebauern vergangener Tage. Der 1742 erbaute, in Teilen noch deutlich ältere Hof wurde 1907 von Hanstedt nach Wilsede versetzt, um als Museum zu dienen. Im Schafstall auf dem „Emhoff" locken wechselnde Ausstellungen die Besucher. In der Nähe bietet der mit 169 Metern höchste Berg der Heide, der Wilseder Berg, einen beeindruckenden Ausblick über das Umland – bei guter Sicht kann man sogar den Hamburger Fernsehturm erkennen! Das „Totengrund" genannte Tal südlich des Wilseder Bergs ist die Keimzelle des Naturschutzgebiets Lüneburger Heide.

Im Heidemuseum „Dat ole Huus“ in Wilsede wird das Leben und Wirken der Heidebauern um 1900 anschaulich dargestellt.

Heidemuseum „Dat ole Huus“ von 1907, 29646 Bispingen, Tel. 04175 802933, www.bispingen-touristik.de/wilsede.html
Öffnungszeiten: 1. Mai–Mitte Okt. 10–16 Uhr oder nach Vereinbarung

Tipp: Heide-Shuttle

In der Sommersaison (15. Juli bis 15. Okt) verkehren im Naturpark Lüneburger Heide täglich drei kostenlose Buslinien. Alle Busse sind mit einem Fahrradanhänger ausgestattet. Der Zustieg mit dem Fahrrad ist an allen Haltestellen möglich. An den Bahnhöfen Schneverdingen und Handeloh bestehen mehrmals am Tag Anschlüsse zur Heidebahn, in Buchholz an den „metronom“ (Hamburg/Bremen). Fahrplan und weitere Informationen unter www.heide-shuttle.de

Heidetour
Mit allen Sinnen genießen

Routenlänge
19 km

Startpunkt
Parkplatz am Barfußpark, Egestorf, Ahornweg, kostenlose Parkplätze vorhanden

Streckenverlauf/ Sehenswertes
St.-Stephanus-Kirche in Egestorf – Wassermühle in Sudermühlen – Undeloh mit Heide-ErlebnisZentrum und St.-Magdalenen-Kirche

Aktivitäten für Kinder entlang der Strecke
Barfußpark Egestorf, www.barfusspark-egestorf.de; Heide-Erlebnis-Zentrum Undeloh, www.heide-erlebniszentrum.de; Ameisenausstellung Döhle

Weitere Informationen
Die Tour ist nicht ausgeschildert, am besten die Route ausdrucken unter www.radtour-lueneburgerheide.de (Rubrik „Radwege-Tourenvorschläge") oder www.bikemap.net/route/804673
Vom 15.7. bis 15.10. können alle Gäste der Lüneburger Heide den kostenlosen Heide-Shuttle mit Fahrradanhänger nutzen (siehe Seite 165).

Fahrradverleih
Hotel und Restaurant Acht Linden, Egestorf (siehe Einkehrmöglichkeiten)

Radtour rund um den Barfußpark Egestorf

Die Radtour startet am Barfußpark in Egestorf, hier können Sie auch das Auto abstellen. Nun müssen Sie sich entscheiden: Entweder beginnen Sie mit dem Barfußpark oder Sie entspannen am Ende der Radtour dort. Planen Sie bitte entsprechend Zeit ein, Sie werden sich etwa zwei Stunden dort aufhalten. Der Barfußpark Egestorf bietet auf einer Strecke von circa 2,7 Kilometern in sehr abwechslungsreicher Landschaft und auf Rindenmulchwegen die Möglichkeit, über 60 Sinnesstationen zu besuchen und so auf vielfältige Weise die Natur zu erleben. Der Barfußpark ist der Einzige dieser Größe in Norddeutschland. Besonders die Fußreflexzonen werden dabei spürbar vitalisiert und bleiben es auch noch Stunden nach dem Besuch. Riechen und Schmecken kann man während der gesamten Öffnungszeit im Kräutergarten, das Hören wird an vielfältigen eindruckvollen Klangstationen erlebbar gemacht. Zahlreiche Feuchtstationen wie Moor, Schlick, Lehm, Matsch bauen moderne Hemmschwellen vor „Schmutz" ab.
Vom Barfußpark Egestorf geht es durch den romantischen Ortskern hinter der schönen alten Fachwerkkirche, die tagsüber für Besucher geöffnet ist, rechts Richtung Ortsteil Sudermühlen. Wer möchte, kann auch noch vorher den Philosophischen Steingarten auf dem alten Friedhof ca. 100 Meter von der Kirche entfernt besuchen. Hier finden Sie Skulpturen aus Findlingen, die in der Heide gesammelt wurden, und auch den „Stein des Anstoßes". Von der Kirche aus geht es den Sudermühler Weg entlang hinaus aus dem Ort, vorbei an Wiesen und der kleinen Heidefläche „An der Birkenbank", den Berg hinunter bis zum Ortsteil

Erholung für die Füße: der Barfußpark Egestorf. Laufen Sie über Steine, Mulch, Rinde; Gras; Wasser, Erde, Kiesel, Sand, Lehm, Holz (Foto), Moor, Glas ...

Sudermühlen. An diesem idyllischen Ort kann man eine alte Wassermühle und den Ententeich hinter dem Hotel ansehen. Von hier aus radelt man weiter geradeaus am Waldrand entlang durch das Naturschutzgebiet Lüneburger Heide nach Undeloh. Auf dem Radenbachweg kommt man ins Ortszentrum von Undeloh mit der historischen St.-Magdalenen-Kirche (täglich geöffnet). Im Ort folgt man der Wegweisung Heide-ErlebnisZentrum nach links. Dort wird die Geschichte, Entstehung und Pflege der Heidelandschaft in einer sehr interessanten Ausstellung präsentiert (siehe Seite 162). Anschließend fahren Sie vom Heide-ErlebnisZentrum geradeaus weiter durch die Heidelandschaft, links in den Radenbachweg und weiter entlang des kleinen Heideflüsschens nach Döhle. Wenn Sie Glück haben, begegnet Ihnen unterwegs ein Schäfer mit seinen Heidschnucken, oder Sie sehen die Dülmener Wildpferde, die entlang des Radenbaches für die Landschaftspflege sorgen. In Döhle angekommen, haben Sie von Juni bis Mitte Oktober an den Wochenenden (Fr.–So.) die Möglichkeit, im Haus der Natur die Ameisenausstellung zu besuchen. Von hier aus geht es wieder zurück zum Ausgangspunkt nach Egestorf.

Familienfreundliche Einkehrmöglichkeiten

Café mundi, Sudermühler Weg 19, 21272 Egestorf, Tel. 01578 4804419, www.cafe-mundi.de

Hotel und Restaurant Acht Linden, Dorfstraße 1, 21272 Egestorf, Tel. 04175 84333, www.hotel-acht-linden.de

Privathotel und feinheimisches Restaurant Egestorfer Hof, Lübberstedter Straße 1, 21272 Egestorf, Tel. 04175 480, www.egestorferhof.de

Hotel Hof Sudermühlen, Sudermühlen 1, 21272 Egestorf, www.hotel-sudermuehlen.de

Café Pension Auetal, Dorfstraße 42, 21272 Egestorf, Döhle, Tel. 04175 439, www.familie-fraembs.de

Heidehof Döhle, Dorfstraße 44, 21272 Egestorf, Döhle, Tel. 04175 802848, www.heidehof-doehle.de

Weltvogelpark Walsrode

Weitere Informationen
Weltvogelpark Walsrode, Am Vogelpark, 29664 Walsrode, Tel. 05161 6044-0, info@weltvogelpark.de, www.weltvogelpark.de

Öffnungszeiten
Mitte März–Anfang Nov. tägl. 9–19 Uhr, im Herbst bis 18 Uhr

Der Kolibri – das Juwel der Vogelwelt – ist eine der faszinierendsten Vogelarten mit außerordentlichen Flugeigenschaften.

Wie viele Farben kann ein Vogel haben? Welche Kunststücke werden bei der Flugshow gezeigt? Der Weltvogelpark Walsrode im Herzen der Lüneburger Heide ist mit 4200 Vögeln aus 675 verschiedenen Arten der größte und vielseitigste Vogelpark und einer der zehn artenreichsten Zoos der Welt. In der 240 000 Quadratmeter großen malerischen Parklandschaft befinden sich spannende Themenhäuser, exotische Tropenhallen, Flugvolieren und vieles mehr. So laden 5000 Quadratmeter überdachte Fläche neben den vielen Freigehegen zum Erkunden ein. Zusätzlich bietet der Weltvogelpark Walsrode auf seinem Gelände eine der größten und schönsten Parklandschaften Norddeutschlands. Der Blütenzauber Hunderter verschiedener Baum-, Strauch- und Blumenarten kann das ganze Jahr über bewundert werden. Heimische Pflanzen lassen sich hier ebenso wie die verschiedenartigsten, teilweise sehr seltenen Exoten bewundern. Sechzig verschiedene Arten im Rhododendrontal, viele Rosensorten und unzählige Dahlienarten lassen erahnen, welche Vielfalt die Besucher erwartet. Und für die kleine Pause zwischendurch stehen Ihnen 320 Sitzbänke, die im ganzen Park verteilt sind, zur Verfügung.

Ebenfalls großer Beliebtheit erfreuen sich die täglichen Showfütterungen, in denen Pinguine, Pelikane, Greifvögel und die Vogelbabystation Mittelpunkt sind. Bei der einzigartigen Flugshow stellen Adler, Papagei, Kondor & Co. ihr facettenreiches Können unter freiem Himmel unter Beweis. Amüsant und zugleich auch lehrreich ist die Indoor-Tiershow, bei der die Besucher die Bekanntschaft mit Sugarglider, Leguan und Flughund machen.

Im Laufe der Zeit sind zusätzlich ein Baumhausdorf, ein Kletterweg und gemütliche Ei-Sitze entlang des Kranich-Sees und als besonderes Highlight eine

Im weltweit größten Vogelpark können Sie in einer der schönsten Parklandschaften Norddeutschlands über 675 verschiedene Arten bewundern. Besondere Attraktionen sind neben dem Freigelände (Foto) die Freiflughalle, das Kolibri-Haus und die Regenwaldhalle.

Uhu-Burg hinzugekommen. Jung und Alt können in der verwunschenen Burgruine aus Naturstein verschiedene europäische Eulenarten und andere Vögel bestaunen. In der Australischen Erlebniswelt „Toowoomba“ empfangen freifliegende Lori-Schwärme die Besucher. Das Besondere sind die handzahmen Loris, die an den Menschen gewöhnt sind – zumal Futter bereit steht, mit dem die Vögel angelockt werden können. Ein Abenteuerspielplatz mit Klettertürmen, Seilbahnen und Rutschen lädt die kleinen Gäste zum ausgiebigen Toben ein. Und wenn der Hunger kommt, bieten zwei stilvolle Restaurants mit idyllischem Terrassenbetrieb und mehrere Imbisse Speisen für jeden Geschmack. Ob Frühjahr, Sommer oder Herbst, Besucher können ein buntes und abwechslungsreiches Programm in einer einmaligen Atmosphäre genießen.
So entspannt, wie ein Aufenthalt im weltgrößten Vogelpark ist, sollte auch die Ankunft dort sein. Deshalb stehen den Besuchern direkt am Park 4000 Parkplätze zur Verfügung. Das Areal ist behindertengerecht gestaltet. Wird ein Rollstuhl benötigt, kann er bei vorheriger Anmeldung kostenlos ausgeliehen werden. Da Hunde in den Park leider nicht mitgenommen werden dürfen, gibt es zusätzlich eine kostenlose Unterbringung für die Vierbeiner.

Ilmenauradweg

Der Natur auf der Spur

Streckenführung
Bad Bodenteich oder Hösseringen – Uelzen – Bad Bevensen – Bienenbüttel – Lüneburg – Bardowick – Oldershausen – Hunden – Hoopte

Gesamtlänge
122 km

Charakteristik
Der Ilmenauradweg ist ein Naturerlebnisradweg der besonderen Art. Durch die Einbindung bestehender Naturerlebnisangebote wie z. B. dem Lehrpfad „Wasser macht's möglich“ an der Schleuse Uelzen bei Esterholz ist der Radweg einzigartig in der Lüneburger Heide. An 31 Naturinformationspunkten werden die Besonderheiten des FFH-Gebiets Ilmenau erläutert und kindgerecht durch Rätsel und Aufgaben dargestellt.

Streckenprofil
Im Sinne des Naturschutzes verläuft der Radweg überwiegend auf naturbelassenen Wald- und Wirtschaftswegen und verkehrsarmen Straßen. Die Route verzeichnet nur wenige Höhenmeter ohne längere Steigungen. Durch die Bahnanbindung in Bad Bodenteich, Wieren, Suderburg, Uelzen, Bad Bevensen, Bienenbüttel, Lüneburg, Bardowick und Winsen/Luhe können Sie für einzelne Etappen den Zug nehmen.

Der Ilmenauradweg

Erkunden Sie auf abgeschiedenen Wegen und verkehrsarmen Straßen das europäische FFH-Gebiet Ilmenau (FFH = „Fauna-Flora-Habitat“). Zahlreiche Sehenswürdigkeiten und viel Wissenswertes zu einer einzigartigen Tier- und Pflanzenwelt warten auf Sie! Der 122 Kilometer lange **Ilmenauradweg** ist ideal für eine Radtour an einem verlängerten Wochenende.
Die **Ilmenau** ist das bedeutendste Gewässer in der **Lüneburger Heide** und in vielen Teilen noch sehr naturnah. Gut zu wissen: Einige Streckenabschnitte des Naturerlebnisradwegs verlaufen nicht direkt am Fluss, weil aus Umweltschutzgründen schon vorhandene Wege genutzt werden sollten. Dabei werden auch Schotter-, feste Sand- und Waldwege befahren. Zum Ausruhen wurden Bänke und für schlechtes Wetter Schutzhütten aufgestellt. Hier informieren Übersichtstafeln über den Radweg und zeigen, wo man sich befindet und wo die nächste Rastmöglichkeit ist. Entlang des gesamten Weges werden Sie immer wieder auf Informationen stoßen, die Ihnen die Faszination des Naturschutzgebiets Ilmenau näherbringen sollen. Für Kinder finden sich Rätsel und Aufgaben unter den Tafeln. Eine weitere Besonderheit: Alle Informationstafeln wurden vertont und durch zusätzliche Hörspiele ergänzt. QR-Codes an der Strecke ermöglichen die Wiedergabe über das Handy. Alternativ stehen die Dateien auch im Internet zum Herunterladen bereit. So lässt sich schon daheim ein Eindruck von den Schönheiten entlang des Ilmenauradwegs gewinnen.

1. Etappe: Bad Bodenteich – Uelzen (23,6 km) oder Hösseringen – Uelzen (23,23 km)

Bevor Sie auf der Hauptroute an der ehemaligen Wasserburg in Bad Bodenteich starten, sollten Sie

ILMENAU RADWEG
Geesthacht
LAUEN-BURG
WINSEN/L.
Bardowick
LÜNEBURG
Bleckede
Dahlenburg
Bienen-büttel
Bad Bevensen
Ebstorf
Jastorf
UELZEN
Rosche
Suderburg
Wrestedt
Wieren
Bad Bodenteich
Müden
Unterlüß
Ameling-hausen
Fähre zum/vom Elbe-Radweg
Elbe
Elbe-Radweg
Ilmenau
Elbe-Seitenkanal
Lüneburger Heide
Weser-Harz-Heide
Luhe-Radweg
Hoopte
Ashsn.
Pattensen
Luhdorf
Wittorf
Radbruch
Wulfsen
Vierhöfen
Vögelsen
Reppenstedt
Salz-hausen
Wester-gellersen
Kirch-gellersen
Süder-gellersen
Eyendorf
Luhmühlen
Putensen
Raven
Wetzen
Oldendorf
Soderstorf
Lopausee
Embsen
Melbeck
Deutsch-Evern
Wendisch-Evern
Adendf.
Scharne-beck
Barum
Artlen-burg
Hohnstorf
Hittbergen
Radegast
Jürgenstorf
Neetze
Süttorf
Thomasburg
Barskamp
Barendorf
Vastorf
Bavendorf
Ellringen
Altenmedingen
Bostelwiebeck
Römstedt
Himbergen
Velgen
Jelmstorf
Bockum
Hanstedt
Wriedel
Weste
Oetzen
Molzen
Kirchweyhe
Stöcken
Wipperau
Rätzlingen
Wellendorf
Gr.Liedern
Bohlsen
Eimke
Gerdau
Lehmke
Holdenstedt
Dreilingen
Hardau
Hardausee
Hösseringen
Stadensen
Stederau
Schafwedel
Lutterloh
Alten-gamme
Drage
Nieder-marschacht
Tesper-hude
Tespe
Laßrönne
Ilau
Wangelau
Witzeeze
Gülzow
Lütau
Neetze-Kan.
Naturinformationspunkt
Übersichtstafel
Schutzhütte mit Übersichts-tafel und Rastplatz
Rastplatz
Bahnhof
Ilmenau-Radweg
Überregionale Fernradwege:
Lüneburger Heide
Weser-Harz-Heide
Elbe-Radweg
Luhe-Radweg
10 km

Wegebeschaffenheit
Die Wege könnten vereinzelt und witterungsabhängig etwas schwieriger zu befahren sein. Wir empfehlen daher für die Tour ein robustes Tourenrad, Mountainbike oder Trekkingrad zu benutzen. Mit Gepäck, Kinderrad oder Anhänger sollte bevorzugt die Hauptroute von bzw. nach Bad Bodenteich genutzt werden.

Beschilderung
Der Ilmenauradweg ist durchgängig mit eigenem Logo beschildert.

Bahnverbindungen
Ideale Bahnverbindung mit der metronom-Linie: Hannover-Uelzen-Hamburg. Teilweise im Stundentakt. Metronom-Bahnhöfe: Hösseringen, Uelzen, Bad Bevensen, Bienenbüttel, Lüneburg, Bardowick und Winsen/Luhe. Bad Bodenteich u. Uelzen: Anschluss an die Regionalbahn Uelzen-Braunschweig. Uelzen: Anschluss an die Regionalbahn Uelzen-Soltau-Bremen

Weitere Informationen
www.ilmenauradweg.de

etwas Zeit für den Vierhundert-Wasser-Barfuß-Pfad und das wiedererrichtete Brauhaus der Burg einplanen. Am Burggelände überqueren Sie die Aue, einen Quellfluss der Ilmenau. Für einige Kilometer folgen Sie der Richtung des Bachlaufs bis nach Wieren. Bei der Feldsteinkirche (12. Jahrhundert) und den Dorfteichen, die im Zuge des Ilmenauradwegs saniert wurden, bietet sich eine idyllische Parkanlage als Rastplatz an. Weiter geht's entlang des Elbe-Seiten-Kanals. Mehrere Aussichtspunkte ermöglichen den Blick ins schöne Auetal. Nebenbei beantwortet Ihnen der Themenpfad „Wasser macht's möglich“ alle Fragen rund ums nasse Element. Bei der Schleuse, einer der größten Europas, verlässt der Weg den Kanal. Über mehrere Dörfer gelangen Sie nach Uelzen, wo sich Haupt- und Nebenroute des Ilmenauradwegs vereinen.
Wenn Sie sich für die Geschichte und Kultur der Region interessieren, bietet das Museumsdorf Hösseringen den idealen Einstieg. Folgen Sie von Hösseringen aus dem Lauf der Hardau bis zu ihrer Mündung in die Gerdau, die nach ihrem Zusammenfluss mit der Stederau die Ilmenau bildet. Wichtig dabei: Der landschaftlich reizvolle Weg über Suderburg (St.-Remigius-Kirche) und Holdenstedt (Schloss Holdenstedt) führt teils über naturbelassene Waldwege und enthält eine denkmalgeschützte Kopfsteinpflasterpassage. Reisende mit Anhänger, schwerem Reisegepäck oder Kinderrädern nutzen besser die Hauptroute.

2. Etappe: Uelzen – Bad Bevensen – Bienenbüttel (30,53 km)

Nach einem Stadtbesuch in Uelzen – mit Besichtigung von Hundertwasser-Bahnhof und „Weg der Steine“ – fahren wir nordwärts. Wieder ist der Elbe-Seiten-Kanal unser Begleiter. Der Jastorfer See

Nicht immer verläuft der Radweg direkt an der Ilmenau entlang, weil aus Umweltschutzgründen schon vorhandene Radwege genutzt werden sollen.

(rechts) ist das wichtigste Wasservogel-Schutzgebiet im Kreis Uelzen. Zeit für ein Picknick: Zwischen Ilmenau und Elbe-Seitenkanal liegt eine der kleinsten und schönsten Heideflächen der Region, die Klein Bünstorfer Heide. Ein fröhlicher Neptun grüßt bei Einfahrt in den Kurpark Bad Bevensens und lädt zum Bad in die benachbarte Jod-Sole-Therme ein. Nach einem Abstecher in die Altstadt folgen wir dem Flusslauf der Ilmenau zum Heidekloster Medingen. Das Damenstift gehört zu den sechs „Lüneklöstern", die sich seit dem Mittelalter in der Heide erhalten haben. Die abwechslungsreiche Fahrt durch Feld, Wald und Wiesen führt vorbei an der St.-Georgs-Kirche Wichmannsburg (um 950 n. Chr.) in Richtung Bienenbüttel.

3. Etappe: Bienenbüttel – Lüneburg (17,05 km)
Sie durchqueren den historischen Ortskern Bienenbüttels mit der Michaeliskirche und der alten Vogtei (1659). Nach Überquerung der Ilmenau sollten Sie einen kurzen Zwischenstopp für den neu

Das Lüneburger Rathaus mit seiner Barockfassade aus dem Jahr 1720 beherrscht den Marktplatz.

geschaffenen Skulpturenpfad einplanen. Der idyllische Weg entlang des Flusses ist nur zum Teil mit dem Rad zu befahren, mündet aber wieder auf die Route des Ilmenauradwegs. Alternativ erreichen Sie von Bienenbüttel aus per Rad das Dorf Hohenbostel (in der Dorfstraße 16 eines der ältesten Bauernhäuser Niedersachsens) und schließlich das Naturschutzgebiet Diecksbach (leider ein kurzer Abschnitt mit schlechterer Wegequalität).

Über Deutsch Evern und den Lüneburger Stadtforst Wilschenbruch geht es weiter zum Forsthaus Rote Schleuse. Das romantische Fachwerkhaus, in dem sich ein Restaurant befindet, bietet Gelegenheit für eine Verschnaufpause oder eine Bootsfahrt auf der Ilmenau. Von hier aus ist es nicht mehr weit zur über 1000 Jahre alten Hansestadt Lüneburg, die ihren Reichtum einst dem Salzabbau verdankte (siehe Seite 176ff.). Unbedingt sehenswert: das mittelalterliche Rathaus, Kloster Lüne und das Deutsche Salzmuseum. In der Innenstadt und am historischen Hafen direkt an der Ilmenau finden Sie zahlreiche Cafés, Kneipen und Restaurants. Erholung bietet die Salztherme Lüneburg, wo noch heute die Sole sprudelt.

4. Etappe: Lüneburg – Hoopte (30,91 km)

Sie verlassen die Stadt auf dem historischen Treidelpfad am Ilmenauufer. Nächste Station ist Bardowick, reich an historischen Stätten wie dem Dom St. Peter und Paul und dem Nikolaihof, einer mittelalterlichen Spitalanlage. Wir kehren dem Ilmenau-Kanal den Rücken zu und folgen dem Radweg nach Oldershausen. Durch den historischen Ort geht es vorbei an bemerkenswerten Hofanlagen des 17., 18. und 19. Jahrhunderts. Von besonderem Wert ist das von der Gemeinde Marschacht renovierte, denkmalgeschützte „Harms Hus“,

Oldershausener Hauptstraße Nr. 15, dessen große Diele für Veranstaltungen genutzt wird.
In Fahrenholz lohnt ein Abstecher auf die Brücke zum 1888 erbauten Nadelwehr. Über eine alte Deichlinie durchqueren Sie Tönnhausen, wo die Reste des früheren Flussverlaufs der Ilmenau noch zu erkennen sind. Hinter Tönnhausen führt der Weg erneut an den Ilmenau-Kanal. Entlang des Deiches liegt die Heimat von Weißstorch, Kiebitz und einer Vielzahl weiterer Vogelarten. Ein besonders schöner Aussichtspunkt befindet sich am Schöpfwerk. Sie gelangen nach Stöckte. Vom Deich aus haben Sie einen guten Blick auf die alten Reetdachhäuser. Vom Stöckter Deich aus lenkt uns der Ilmenauradweg vorbei am Jachthafen weiter zur Elbuferstraße, wo Sie auf den Elberadweg treffen. Mit dem Ausblick auf die Elbe am Fähranleger Richtung Zollenspieker (Hamburg) endet in Hoopte die Reise auf dem Ilmenauradweg.

Aus Begeisterung für die Bildhauerei entstand der Skulpturenpfad Bienenbüttel. Unterschiedliche Künstler entwickelten das gemeinsame Projekt. Im Laufe der Zeit entstanden an den Ufern der Ilmenau Objekte aus Holz, Stein und Metall. Tauchen Sie ein in diese gestaltete Welt am Fluss.

Lüneburg
Hansestadt auf dem Salz

Weitere Informationen
Tourist Information der Lüneburg Marketing GmbH, Rathaus/Am Markt, 21335 Lüneburg, Tel. 0800 2205005, www.lueneburg.de

Tipp: In der Salztherme Lüneburg, dem „Salü“, sorgt die sprudelnde Sole weiterhin für Spaß und Erholung (Uelzener Straße 1–5, 21335 Lüneburg, www.salue.info).

Deutsches Salzmuseum Sülfmeisterstraße 1, 21335 Lüneburg, Tel. 04131 45065, info@salzmuseum.de, www.salzmuseum.de, Öffnungszeiten: Mo.–Fr. 9–17 Uhr, Okt.–April 10–17 Uhr, Sa./So. 10–17 Uhr

Das über 1050 Jahre alte Lüneburg mit seinem geschlossenen, mittelalterlichen Stadtbild ist eine der faszinierendsten Städte Norddeutschlands. Die historische Architektur der Backsteingotik steht im reizvollen Gegensatz zu dem quirligen, jungen Leben in der heutigen Universitäts- und Einkaufsstadt. Wegen seiner romantischen Atmosphäre ist Lüneburg seit 2006 Drehort der beliebten ARD-Telenovela „Rote Rosen“ – wer durch die Stadt spaziert, kann mitunter Dreharbeiten direkt erleben.

Überall im Zentrum begegnet dem Besucher natürlich auch die Geschichte der Hansestadt, deren wichtigstes Gut das Salz war. Dies ist einem Salzstock zu verdanken, der oberflächennah unter der Altstadt lagert. Vom Grundwasser abgelaugt, entsteht hier die 27-prozentige Sole, die in der Saline in bleiernen Siedepfannen verkocht wurde. Übrig blieb ein besonders feines Kochsalz, das über Lübeck in die Welt verschifft wurde. Durch den Handel mit dem damals so kostbaren „weißen Gold“, das bis in die Neuzeit hinein für die Vorratshaltung unentbehrlich war, kam Lüneburg zu Reichtum und Ansehen.

Von der stolzen Vergangenheit berichten prächtige Giebelhäuser, deren Eigenheiten man besonders gut auf dem Platz Am Sande studieren kann; der markante Turm von St. Johannis, einer fünfschiffigen Backsteinhallenkirche, auf deren prächtiger Barockorgel einst der junge Johann Sebastian Bach spielte; das Alte Rathaus am Markt, ein Ensemble aus Einzelbauten von der Gotik über die Renaissance bis zum Barock; der Hafen mit dem berühmten Kran, dem historischen Kaufhaus und dem Stintmarkt, wo man sein Bier direkt an der Ilmenau sitzend trinkt und wo an lauen Sommerabenden ein geradezu südlandisches Flair herrscht.

Der historische Lüneburger Kran am alten Hafen mit der Ilmenau und der Abtsmühle, die nach ihrer Renovierung zu einem Hotel umgebaut wurde. In der Mühle, die früher zum Michaeliskloster gehörte – daher der Name – wurde bis ins 20. Jahrhundert Getreide gemahlen und Wasser aus der Ilmenau für die Lüneburger Brauerei gepumpt.

Aber auch andere Auswirkungen der Soleförderung sind noch heute im Stadtbild zu bemerken: Die gesamte westliche Altstadt liegt im sogenannten Senkungsgebiet. Die im 14. Jahrhundert erbaute Backsteinkirche St. Michaelis ist so stark von den Senkungen betroffen, dass im Kircheninneren die Säulen schief stehen. Auf dem Weg zur Saline begegnen Ihnen bauchige Häuser, schiefe Mauern und umgeknickte Gartentore. Die alten Salinengelände und Produktionsanlagen, erstmals 956 erwähnt und bis 1980 in Betrieb, bilden die Grundlage des Deutschen Salzmuseums. Man erfährt hier nicht nur etwas über die Geschichte Lüneburgs, sondern auch, in welchem Ansehen Salz bei anderen Völkern der Erde steht und für wie viele Produkte es als Bestandteil unentbehrlich ist. Es ist kein staubiges Museum, sondern eines zum Anfassen, Fühlen und „Be-Greifen“.

Kloster Lüne mit Textilmuseum
Am Domänenhof, 21337 Lüneburg, Tel. 04131 52318, geöffnet April–Okt. tägl. außer Mo. (Kloster nur mit Führung, Dauer ca. 1 Stunde), Führungstermine und genaue Öffnungszeiten unter www.kloster-luene.de

Kloster Lüne mit seinem Textilmuseum zählt zu den schönsten und ältesten Sehenswürdigkeiten in Lüneburg. Nur eine Viertelstunde Fußweg vom Zentrum entfernt finden Sie den noch heute erhaltenen mittelalterlichen Komplex, eingebettet in weitläufige Gartenanlagen. Um 1170 gründete eine kleine Gruppe frommer Frauen an diesem Ort eine Klostergemeinschaft. Nach einem Brand 1372 wurde das Kloster in Backstein neu errichtet und in den folgenden Jahrhunderten durch eine Vielzahl anderer Gebäude erweitert. Seit der Reformationszeit lebt im Kloster ein evangelischer Konvent, dem eine Äbtissin vorsteht.

Von den vielen erhaltenen Kunstschätzen besonders beeindruckend sind neben der Brunnenhalle und den Kreuzgängen die Buntglasfenster aus dem 14. bis 17. Jahrhundert, das Refektorium mit seinen Wandmalereien, die „Uhlenflucht" mit den ehemaligen Nonnenzellen aus der nachreformatorischen Zeit, die 1410 geweihte Kirche mit Propststuhl, Barockorgel, Taufbecken und gotischem Altaraufsatz, der Nonnenchor mit einem Beweinungsbild aus der Werkstatt von Lucas Cranach d. Ä., einer Leuchter-Madonna, verschiedenen gotischen Schränke und Truhen – die älteste aus dem Jahr 1174. Im Textilmuseum sehen Sie Altar- und Fastentücher aus dem 13. und 14. Jahrhundert sowie Bildteppiche und Banklaken, die um 1500 im Kloster gestickt wurden. Auch die einzigartigen Prozessionsfahnen in Temperamalerei von 1410/15 werden hier präsentiert.

Das „Café im Kloster" mit seiner reizvollen Ausmalung von 1648 lädt zum Verweilen ein, wie auch bei schönem Wetter der Kaffeegarten an der Streuobstwiese.

Innenhof des ehemaligen Benediktinerinnen-Klosters Lüne, gegründet 1172, heute evangelisches Damenstift.

Das Schiffshebewerk Scharnebeck

Weitere Informationen
Infozentrum WSA Uelzen, Bauhof Scharnebeck, Am Unteren Vorhafen, 21379 Scharnebeck, Tel. 04136 91262931, infohalle.wsa-ue@wsv.bund.de, www.wsa-ue.wsv.de, geöffnet 15. März – 31. Okt. tägl. 10–18 Uhr

Tourist-Info Scharnebeck, Marktplatz 1, 21379 Scharnebeck, Tel. 04136 90721, tourismus@scharnebeck.de, www.scharnebeck.de

Tourismusgesellschaft Flusslandschaft Elbe GmbH, Schlossstraße 10, Tel. 05258 9519880, www.elbe-ausflug.de

Schiffsfahrten durchs Hebewerk
Reederei Helle, Elbstraße 117, 21481 Lauenburg/Elbe, Tel. 04153 592848, www.reederei-helle.de

Der Elbe-Seitenkanal, von Heidjern liebevoll auch Elbe-Suez-Kanal genannt, verbindet die Elbe auf der Höhe von Lauenburg mit dem Mittellandkanal. Die 115,2 Kilometer lange und 53 Meter breite Wasserstraße wurde am 15. Juni 1976 in Betrieb genommen. Sie ermöglicht die Umfahrung der fahrtechnisch schlechten und von wechselnden Wasserständen beeinflussten Elbstrecke zwischen Lauenburg und Magdeburg und verkürzt über die Oststrecke des Mittellandkanals die Entfernung zwischen diesen Orten sogar noch um 33 Kilometer. In den letzten Jahren hat sich ein erfreulicher Verkehrszuwachs auf knapp 9 Mio. Gütertonnen pro Jahr eingestellt, wobei in Spitzenzeiten bis zu knapp 90 Schiffseinheiten pro Tag geschleust wurden. Dieser Trend wird durch die Attraktivität des Elbe-Seitenkanals weiter anhalten.

Auf der Strecke müssen 61 Meter Höhenunterschied überwunden werden. 23 Meter werden von einer Schleuse bei Uelzen überbrückt, die restlichen 38 Meter von einem der größten Schiffshebewerke Europas in Scharnebeck, 7 Kilometer nordöstlich von Lüneburg. Hinter diesem technischen Wunderwerk verbirgt sich ein mächtiger Fahrstuhl, der in zwei riesigen Wassertrögen Fracht- und Sportschiffe aus der flachen Elbmarsch auf den Geestrücken der Lüneburger Heide hebt. Das Gewicht jedes Trogs beträgt 5800 Tonnen. Um Energie zu sparen, dienen 224 Betonscheiben, jede mit einem Gewicht von 26,5

Das Schiffshebewerk Scharnebeck ist Teil des Elbe-Seitenkanals. Es bietet modernen Frachtschiffen die Möglichkeit, einen Höhenunterschied von 38 Metern zu überwinden.

9551063
DECIN
MN 7304

Die enormen Ausmaße des Schiffshebewerks werden erst aus der Luft richtig deutlich: Die Länge vom Schleusentor zu Schleusentor beträgt 105, 6 Meter; jeder Trog wiegt 5800 Tonnen.

Tonnen an 54 Millimeter dicken Stahlseilen hängend, als Gegengewichte. Die Tröge werden durch vier gleichgeschaltete Elektromotoren angetrieben, die die Kraft mittels Zahnstangenantrieb übertragen. Für die Durchfahrt benötigt ein Schiff 15 Minuten.

Mehr als 500 000 Gäste kommen jedes Jahr, um sich dieses grandiose technische Schauspiel anzusehen. Ein besonderes Ereignis ist es, den Hebevorgang selbst in einem Fahrgastschiff zu erleben – Weitblick über die Elbmarsch und Geest inklusive. Eine Führung durch die Betriebsanlage des Schiffshebewerkes ist leider nicht möglich. Der Besucher kann jedoch von zwei Plattformen aus, die ganzjährig rund um die Uhr geöffnet sind, das Ein- und Auslaufen der Schiffe in die Hebewerksanlage aus nächster Nähe beobachten. Das Betreten der Besucherplattformen ist kostenlos. Alle Informationen zum Schiffshebewerk finden Sie in einer Ausstellungshalle direkt nebenan.

In Scharnebeck selbst sollten Sie sich die „Domäne“ ansehen. Dieses älteste Gebäude des Ortes stammt aus dem Jahre 1510, war der Speicher des ehemaligen Zisterzienserklosters und ist jetzt ein Veranstaltungszentrum mit einem lebendigen kulturellen Programm. In der unweit davon gelegenen Kirche St. Marien steht eine überregional bekannte Barockorgel.

Die Domäne ist das älteste Gebäude Scharnebecks. Es stammt aus dem Jahr 1510 und ist ein Überbleibsel des 1243 gegründeten Zisterzienser-Klosters. Seit 1990 wird es als Veranstaltungszentrum genutzt.

Tipp: In der abwechslungsreichen Naturlandschaft zwischen Elbe und Geest lassen sich ausgiebige, gut ausgeschilderte Radtouren unternehmen. Beliebt ist der Radfernweg „Alte Salzstraße“, der über 127 Kilometer von Lüneburg bis Lübeck führt. Man kann aber auch in kleinen Tagesetappen die historisch bedeutsame Strecke erradeln (Näheres unter: www.sh-tourismus.de/de/radfernwege-in-schleswig-holstein).

Bleckede
Biosphaerium Elbtalaue

Blick in die Ausstellung des Informationszentrums für das Biosphärenreservat Niedersächsische Elbtalaue im Schloss Bleckede. Dieser Raum zeigt die Faszination Fliegen.

Weitere Informationen
Biosphaerium Elbtalaue und Tourist-Info im Schloss Bleckede,Schlossstraße 10, Tel. 05852 9514-14, info@biosphaerium.de, www.biosphaerium.de
Öffnungszeiten: April bis Okt. tägl. 10–18, Nov. bis März Mi–So 10–17 Uhr

Das über 800 Jahre alte Städtchen Bleckede mit seinen wunderbaren Fachwerkhäusern und dem Schloss aus dem 17./18. Jahrhundert liegt eingebettet in die herrliche Flusslandschaft der Elbe.

Lebendige Biber hautnah und der Blick in die Unterwasserwelt der Elbe: Den Besuchern des Biosphaeriums Elbtalaue im historischen Schloss Bleckede – dem Informationszentrum für das Biosphärenreservat Niedersächsische Elbtalaue – wird eine einmalige Kombination aus Tiererlebnis, Unterhaltung und Information geboten.

Eine Aquarienlandschaft mit acht Becken zeigt das Leben im Elbstrom. Das größte Becken fasst über 30 000 Liter Wasser und stellt die Lebenswelt zwischen den Buhnen vor, in anderen Becken locken Stör, Zander, Hecht und Wels sowie eine Vielzahl weiterer Fische des artenreichsten Stroms Europas. Die Biberanlage ist eine weitere Attraktion – in dem großzügigen, artgerecht ausgestatteten Revier rund um den Schlossturm mit begehbarem Biberbau und Blick in den Biberkessel ist man so nah dran an unserem größten heimischen Nager, wie es andernorts kaum möglich ist. In Verbindung mit den rund 1000 Quadratmetern moderner Ausstellungsfläche samt Vogelstimmenklavier, Überflutungsmodell, Windmaschine, vielen weiteren interaktiven Modulen sowie dem Aussichtsturm ist das Biosphaerium Elbtalaue unvergleichlich.

Für die Pause zwischendurch bietet sich ein Besuch des Café Fritz mit seiner Sommerterrasse im idyllischen Schlosshof an – Erlebnisspielplatz für die Kleinen in Sichtweite!

Neugierige Blicke in eines der acht Becken der Aquarienlandschaft.

Das Schloss beherbergt auch die Tourist-Info des malerischen, direkt an der Elbe gelegenen Städtchens. Ob Kunst und Kultur, Radfahren, Reiten, Wandern oder Angeln – in und um Bleckede kann jeder seiner Lieblingsbeschäftigung nachgehen.

Wendland-Tour
Radeln, wo die Dörfer rund sind

Die Wendland-Tour

Auf der 47 Kilometer langen Radtour lernen Sie das Hannoversche Wendland im Landkreis Lüchow-Dannenberg mit seinen kulturhistorisch bedeutsamen Rundlingsdörfern und die Naturlandschaft kennen. Der Name Wendland leitet sich von den Wenden (Polaben) ab, die um das 9. Jahrhundert hier siedelten. Die Rundlingsdörfer sind eine Dorfform, bei der niederdeutsche Hallenhäuser ringförmig um den Dorfplatz gruppiert liegen, der oft nur über einen Zufahrtsweg erreichbar ist. Charakteristisch ist die Ausrichtung der Fachwerkgiebel zum Dorfplatz hin. Über 100 Dörfer in der Erlebnisregion Elbtalaue-Wendland haben diesen Rundlingscharakter.

Beschreibung

Start und Ziel der Wendland-Tour ist das Rundlingsdorf Lübeln mit dem Rundlingsmuseum Wendlandhof Lübeln sowie dem Tourismus Service Center für die Erlebnisregion. Die Tour ist in ihrem Verlauf ausgeschildert und mit entsprechenden Informationstafeln versehen. Die Ausschilderung in Form eines Piktogramms wird Sie entlang der Wendland-Tour begleiten und durch die Region führen.

Während Ihrer Radtour durch die abwechslungsreiche Landschaft erleben Sie neben abgelegenen Feld- und Wirtschaftswegen auch den Charme des historischen Fachwerkstädtchens Lüchow (Wendland). Die Fahrt geht weiter über Jeetzel in das Rundlingsdorf Satemin. Auf Ihrer Fahrt Richtung Waddeweitz durchqueren Sie auch die Rundlingsdörfer Püggen und Bussau. Von Waddeweitz aus führt Sie die Wendland-Tour durch die malerischen und abwechslungsreichen Landschaften der Region. Von Küsten aus geht es dann auf Wirtschaftswegen zurück nach Lübeln.

WENDLAND-TOUR

Mehr Informationen
www.elbtalaue-wendland.de, www.luechow-dannenberg.de

Rundlingsmuseum Wendlandhof Lübeln / Tourismus Service Center Lübeln
Lübeln 2, 29482 Küsten, Tel. 05841 9629-0, rundlingsmuseum@elbtalaue-wendland.de, www.rundlingsmuseum.de

Streckenverlauf / Sehenswertes

Lübeln

Ein Rundlingsdorf, wie es im Buche steht. Das Freilichtmuseum Wendlandhof informiert umfassend über diese Siedlungsform. Aktiv erfahren und verstehen, wie die Urgroßeltern lebten, unter diesem Motto werden das ganze Jahr hindurch Vorführungen und Mitmach-Aktionen für Groß und Klein angeboten. Hofläden bieten regionale und hofeigene Spezialitäten zum Verkauf an.

Lüchow

Die Kreisstadt im Herzen des Wendlandes ist immer erlebnisreich. Burg und Grafschaft wurden zur Zeit Heinrichs des Löwen im 12. Jahrhundert gegründet. Nach einem Brand 1811 wurde die Stadt in knapp zwei Jahren wieder aufgebaut. Hübsche Fachwerkhäuser prägen das Bild der Stadt. Im Amtsturm – Überrest des gräflichen Schlosses – ist ein Museum untergebracht, das die wechselvolle Geschichte dokumentiert. Von der Plattform bietet sich ein herrlicher Rundblick.

Jeetzel

Im lang gestreckten Sackgassendorf, wahrscheinlich eine der ältesten Siedlungen des Wendlandes, finden Sie eine Schäferei, die allerlei rund ums Schaf im Angebot hat.

Satemin

Die Fachwerkhäuser in diesem Rundlingsdorf wurden nach einem Großbrand 1850 wieder aufgebaut. Die Feldsteinkirche liegt wie bei allen Rundlingen außerhalb des ursprünglichen Dorfes.

Püggen

Großer Rundling mit einigen schönen Fassaden. Die Mühle ist von 1651. Zwei Dreiständerhäuser aus der Mitte des 17. Jahrhunderts.

Einkehrmöglichkeiten

Wendland-Cafe in der Töpferei Pint mit Kaffeegarten, hausgebackenen Kuchen und Torten (Satemin Nr. 1, 29439 Lüchow/Wendland, Tel. 05841 7091105)

Markthof Satemin, Pension und Café mit regelmäßigen Ausstellungen und Musikveranstaltungen, am Wochenende Mittags- und Abendkarte (Satemin Nr. 25, 29439 Lüchow/Wendland, Tel. 05841 709230).

Schäferei Jeetzel, Im Anger 17, 29439 Lüchow/Wendland, Tel. 05841 3241

Bussau

Einer der besterhaltenen Rundlinge mit nur einem Zugang. Schöne Vierständerhäuser des 19. Jahrhunderts. In der Keramikwerkstatt können Sie Fayencekeramik erwerben und manchmal in der Werkstatt zuschauen. Bussau 7, Tel. 05844 8886.

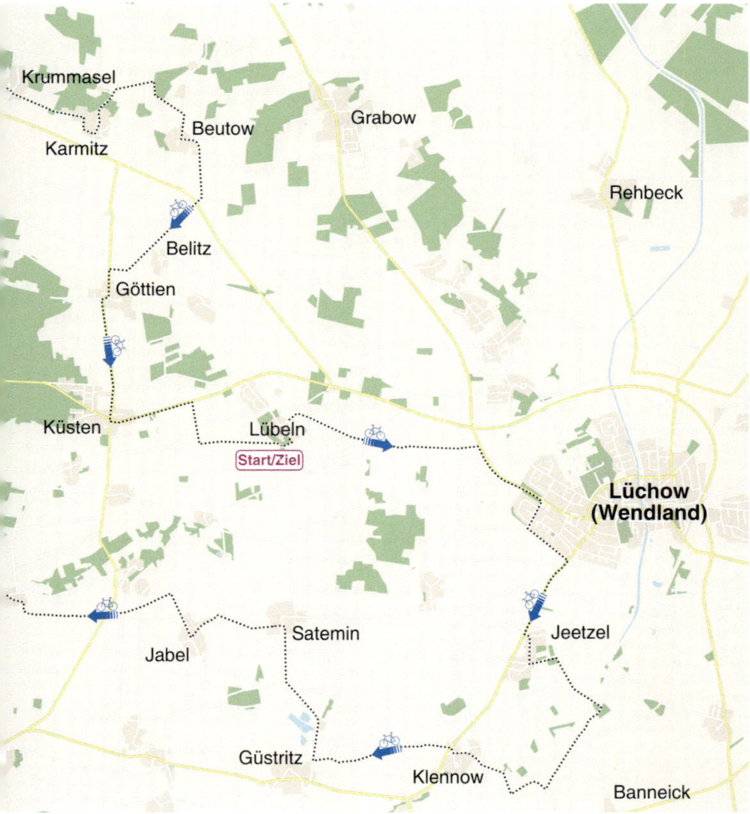

Göttien

Vor dem Dorf ist eine große Hofeiche zu sehen, und im Rundling selbst wird der Besucher vom großen Eichenbestand überrascht.

Zebelin

Aus dem 15. Jahrhundert stammt die Feldsteinkirche mit machtvollem wehrhaften Turm und liebevoll gepflegtem alten Friedhof.

Einkehrmöglichkeit

Rosenhof Göttien Landgasthof und Gästezimmer, Außenterrasse und überdachter Innenhof, durchgehend warme Küche (Göttien Nr. 26, 29482 Küsten, Tel. 05841/6985)

Erlebnisregion Elbtalaue-Wendland

Informationen
www.wendland-rundweg.de

Förderverein Wendland-Rundweg e.V., Satemin 25, 29439 Lüchow, Tel. 05841 709230, www.wendland-touristik.de

Örtliche Infostellen der Elbtalaue-Wendland-Touristik (alle www.elbtalaue-wendland.de):
Kur- und Touristinformation Hitzacker (Elbe), Am Markt 7, 29456 Hitzacker (Elbe), Tel. 05862 9697-0

Tourismus Service Center Lübeln, Lübeln 2, 29482 Küsten, Tel. 05841 9629-0

Tourist-Information Gartow, Nienwalder Weg 1, 29471 Gartow, Tel. 05846 333

Vom großen Aussichtsturm auf dem Höhbeck können Sie bei gutem Wetter bis nach Bleckede und Wittenbergen schauen. Am und im Turm vermitteln Informationstafeln Wissenswertes über die Geschichte dieser besonderen Landschaft.

Die Erlebnisregion Elbtalaue-Wendland ist ein Eldorado für Wanderer. Sie wird erschlossen vom Wendland-Rundweg (184 km) mit seinen drei Teilstrecken.

Auf dem **Wendlandweg** (75 km) von Clenze bis Hitzacker erlebt der Wanderer das ehemals kaiserliche Jagdrevier der Göhrde und den waldigen Höhenzug des eiszeitlichen Drawehn im Naturpark Elbhöhen-Wendland. Am Wegesrand liegen ein Wald- und Jagdmuseum, ein eiszeitlicher Findlingsgarten, mehrere Waldbäder und der kulturlandschaftlich interessante Lilienpfad in Govelin. In der malerischen Fachwerkinselstadt Hitzacker lohnt sich eine Stippvisite in die Bronzezeit im Archäologischen Zentrum Hitzacker. Die berühmten „Sommerlichen Musiktage“ locken ab dem letzten Juli-Wochenende die Kammermusikfreunde in das Elbstädtchen.

Der **Wendenstieg** (56 km) führt durch die Landschaft der slawischen Rundlingsdörfer (siehe Seite 186ff.). Er vermittelt über 1000 Jahre Geschichte von der slawischen Besiedlung über die germanische Eroberung und Kolonisierung bis zur deutsch-deutschen Teilung. Attraktionen am Weg sind das Grenzlandmuseum Schnackenburg, der Grenz- und Naturlehrpfad, der Biberpfad mit Seeadlerbeobachtung, die Wendland-Therme, die Fachwerkstadt Lüchow und das Rundlingsmuseum in Lübeln.

Der **Elb-Höhenweg** (72 km) von Neu Darchau über Hitzacker bis Schnackenburg verläuft entlang der Elbe über Steilufer und Deichkronen durch das Biosphärenreservat Niedersächsische Elbtalaue. Hier kann man Störche und Graureiher in ihrem natürlichen Lebensraum beobachten. Dazu kommen Steigungen und Aussichten wie in Mittelgebirgen

Die Eisenbahnbrücke Dömitz wurde von 1870 bis 1873 errichtet. Nach ihrer Zerstörung am 20. April 1945 erfolgte kein Wiederaufbau, da die Elbe von 1949 bis 1989 Teil der innerdeutschen Grenze war. Die Abbildung zeigt die erhalten gebliebenen Reste. Die Brücke liegt im Überschwemmungsgebiet am linken Elbufer.

von den Elbhöhen und vom Höhbeck, einer bis zu 76 Meter über Normalnull aufsteigenden Endmoräne. Dort bietet der Aussichtsturm bei der sogenannten Schwedenschanze und der gleichnamigen Gaststätte einen sensationellen Blick ins Elbtal – bei gutem Wetter nach Nordwest bis Bleckede (siehe Seite 184) und nach Nordost bis Wittenberge. Schon Karl der Große schaute von hier hinüber in das Land der Slawen. Am und im Turm vermitteln Informationstafeln Interessantes über die Geschichte des Höhbeck. Weitere Attraktionen, die am Wegesrand die Augen fesseln, sind eine Vielzahl von Aussichtstürmen und die alte Dömitzer Eisenbahnbrücke.

Tipp für Tagesausflügler: Kürzere, themenbezogene Rundwege zwischen 7 und 13 Kilometer Länge erschließen entlang des großen Wendland-Rundwegs die wunderbare Landschaft und die vielfältige Natur im Herzen des Wendlandes. Alle Wege sind ausgeschildert und werden regelmäßig vom Förderverein Wendland-Rundweg e.V. kontrolliert.

Wendlandweg: Clenze bis Hitzacker, 75 km
Wendenstieg: Clenze bis Schnackenburg, 56 km
Elb-Höhenweg: Neu Darchau bis Schnackenburg, 72 km

Eldena
Neu Kaliß
Dömitz
Lenzen (Elbe)
Elbe
enweg
Laase
Höhbeck
Elbe
Schnackenburg
Gartow
Trebel
Wendenstieg
N
2000 m

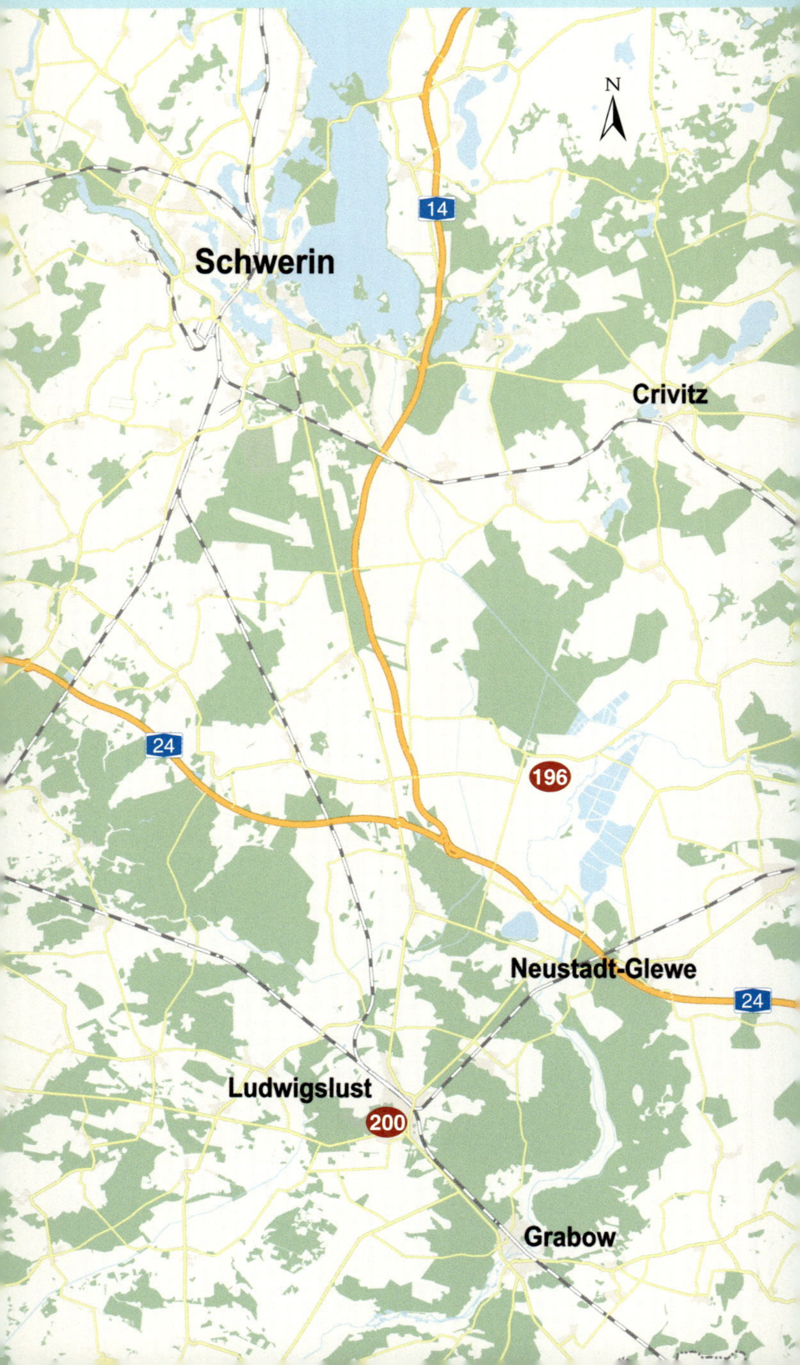
N
14
Schwerin
Crivitz
24
196
Neustadt-Glewe
24
Ludwigslust
200
Grabow

Mecklenburg-Vorpommern
Östlich von Hamburg

Die Lewitz
Wandern durch Wiesen und Wälder und auf dem Wasser

Südlich von Schwerin und rechts und links der Autobahn von Hamburg nach Berlin erstreckt sich die Lewitz – eine Landschaft, die durch weite, ebene Wiesen- und Ackerflächen, Fischteiche und vereinzelte Waldflächen geprägt ist. Sie ist ein Eldorado für Naturliebhaber und Wasserwanderer und durch den Status EU-Vogelschutzgebiet ein beliebtes Ziel bei Ornithologen.

Neben den sattgrünen Wiesen und Wäldern prägen zahlreiche Gräben, Kanäle und Bundeswasserstraßen das Landschaftsbild der Lewitz. Die Müritz-Elde-Wasserstraße und die Störwasserstraße mit Anbindung an den Schweriner See sind beliebte Reviere für Bootsurlauber, Paddler und Hausbootfahrer. Prägend ist auch die Alte Elde als letzter natürlicher Flusslauf.

Die Müritz-Elde-Wasserstraße schlängelt sich ab Neustadt-Glewe vorbei an der mittelalterlichen Burg, durch das Naturschutzgebiet „Fischteiche Lewitz“ über das Eldedreieck und das idyllische Matzlow-Garwitz und bahnt sich weiter ihren Weg in Richtung Mecklenburgische Seenplatte. Gemütliche Häfen entlang der Strecke laden Wasserwanderer zum Entdecken des Hinterlandes ein.

Ab dem Eldedreieck bei Stromkilometer 56,7 zweigt der Störkanal nach Norden ab. Diese 20 Kilometer lange Verbindung zum Schweriner See ist der kanalisierte Verlauf des ehemaligen Flusses Stör, der in der Vergangenheit den natürlichen Abfluss des Schweriner Sees darstellte. Der Störkanal fließt zunächst schnurgerade durch die Lewitz und ab der Banzkower Schleuse sehr kurvenreich durch das flache und breite Störtal.

Blick über die Lewitz, eine durch weite und ebene Wiesen- und Ackerflächen geprägte, unter Naturschutz gestellte und von zahlreichen Entwässerungsgräben durchzogene Landschaft.

Wandern in der Lewitz

Fürs Wandern ist die Lewitz wie geschaffen. Weite, ebene Strecken fordern Anfänger wie passionierte Läufer zu unvergesslichen Touren heraus. Hier ein paar Tipps:

Treidelpfad zwischen Plate und Banzkow

Diese gemütliche Spazierstrecke führt auf dem historischen Treidelpfad direkt am Störkanal entlang. Sie starten an der Klappbrücke Banzkow, wo der hölzerne Flößer Ihnen den Weg zeigt. Auf der Wanderung nach Plate sehen Sie nicht nur Bootsfahrer, sondern diverse Wasservögel, die am Ufer nach Nahrung suchen, und natürlich Pferde und Kühe, die auf den Weiden im Störtal grasen. Auf halbem Weg zwischen den Orten finden Sie eine überdachte Rasthütte, entlang des Weges laden „wilde Badestellen" zum Sprung ins kühle Nass. Angekommen in Plate können Sie in eine Gaststätte einkehren, beim Holzschnitzer Ihde vorbeischauen,

Jagdschloss Friedrichsmoor: Der Jagdsitz mehrerer mecklenburgischer Herzöge wurde von 1791-1793 errichtet. Heute wird er als Restaurant, Café und Hotel genutzt.

die Kirche besichtigen oder weiter Richtung Schwerin-Muess wandern.

Naturlehrpfad „Schwarzer Damm“

Zwischen Mirow und Jamel befindet sich dieser ca. 2 Kilometer lange Wanderweg durch die Wiesenlandschaft der Lewitz. Der Weg ist gleichzeitig als Naturerlebnispfad ausgebaut: ca. 60 Baumarten gibt es zu entdecken, Schautafeln informieren über Flora und Fauna, zwei Naturrastplätze und erhöhte Aussichtspunkte laden zum Beobachten und Verweilen in der Natur ein. In Jamel können Sie nach Anmeldung im gemütlichen Forsthaus auf eine Tasse Kaffee und Kuchen einkehren (Forststraße 13, 23968 Jamel, Tel. 03841 644650, www.forsthof-jamel.de).

Rund um das Jagdschloss Friedrichsmoor

Dieser etwa 8 Kilometer lange Rundkurs führt Sie ausgehend vom beliebten Jagdschloss Friedrichsmoor durch die Waldlewitz zunächst bis an den Störkanal. Am Störkanal wandern Sie in Richtung Gaartzer Brücke, hier biegen Sie links in den Wald und laufen Richtung Jamel. Nach einem Picknick am Rastplatz beim Naturlehrpfad geht es durch die Wiesen zum Themen-Rastplatz „Moor“ bei Golden-

Die Schönheit der Lewitz vom Wasser aus genießen: Bei dieser beschaulichen Bootspartie fahren Sie auf dem Störkanal durch unberührte Natur.

städt. Interessant sind der Blick vom erhöhten Aussichtsturm in die Lewitz und die neu erbaute Fischtreppe am Wehr des Neuen Kanals. Von hier geht es durch den Wald zurück nach Friedrichsmoor.

Naturerlebnisfahrten mit dem Schiff

Schiff ahoi! Dieses Vergnügen bietet eine Fahrt mit dem beliebten „Lewitz-Kieker Albert“ ab Plate: Bei dieser beschaulichen Bootspartie fahren Sie auf dem Störkanal oder Schweriner See, erleben unberührte Natur und beobachten das vielfältige Zusammenleben der Tiere und Pflanzen im und am Wasser.

Neben den individuell buchbaren Touren werden auch verschiedene Thementouren wie Ornithologische Erlebnisfahrt, Hirschbrunft-Fahrten, Kaffeefahrten, Mondscheinfahrten oder Grünkohltouren für jedermann angeboten.

Weitere Informationen zur Lewitz und zur Buchung des Lewitz-Kiekers „Albert“ in der LEWITZ Information, Straße des Friedens 5, 19079 Banzkow, Tel. 03861 3029772, www.lewitz-landschaft.de

Ludwigslust
Eine Reise ins Barockzeitalter

Weitere Informationen
www.stadtludwigslust.de

Bevor 1982 die Autobahn nach Berlin gebaut wurde, lag Ludwigslust an der Transitstrecke durch die DDR, die von Lauenburg bis zum Kontrollpunkt Staaken/Spandau führte. Damals musste man gezwungenermaßen das kleine Städtchen passieren, heute lohnt sich ein Ausflug in das barocke Kleinod, dessen Schloss, Kirche und Stadthäuser sich zum großen Teil wieder in einem guten Zustand präsentieren.

Bestimmt wird das Stadtbild vom mächtigen Schloss, in dem von 1765 bis 1837 der Ludwigsluster Hof residierte. Dass dieses „Versailles des Nordens“ entstehen konnte, soll aus einer Laune des Prinzen Christian Ludwig heraus entstanden sein, der von 1731 bis 1735 hier ein kleines Jagdschloss errichten ließ, weil es in der unmittelbaren Umgebung so herrliche Laubwälder gab und gibt. Daraufhin erhält der Flecken Klenow auf Weisung des inzwischen zum Herzog ernannten Regenten 1754 den Namen Ludwigs-Lust.

Erst nachdem der Hof von Schwerin nach Ludwigslust verlegt worden war, wurde nach Entwürfen des Baumeisters Johann Joachim Busch das spätbarocke Schloss errichtet. Der Nachfolger Christian Ludwigs, Herzog Friedrich (der Fromme), der den Ruf eines gebildeten Regenten genoss, nahm regen Einfluss auf das Baugeschehen. 1765 begann der Baumeister mit der Errichtung der Hofkirche (heute Stadtkirche) und setzte dann den Ausbau zur Residenz mit barockem Schloss von 1772 bis 1776 fort. Im Mitteltrakt des Schlosses erstreckt sich der große Goldene Saal über zwei Stockwerke. Die vergoldeten Dekorationen sind Produkte der herzoglichen Carton-Fabrik zu Ludwigslust. Bis 1945 war das Schloss Wohnsitz des letzten Mecklenburgischen Großherzogs Friedrich Franz IV. Heute ist es ein Staatliches Museum.

Das barocke Kleinod Ludwigslust war von 1765 bis 1837 Residenz der mecklenburgischen Herzöge. Das mächtige Schloss wurde von Baumeister Johann Joachim Busch von 1772 bis 1776 erbaut.

Der angrenzende Schlosspark erhielt seine Gestaltung erst Mitte des 19. Jahrhunderts durch den berühmten königlichen Gartendirektor Peter Joseph Lenné. Unter Einbeziehung der barocken Elemente erweiterte der geniale Gartengestalter den Park im landschaftlichen Stil. In ausgedehnten Spaziergängen trifft man im größten Park Mecklenburgs auf die neugotische St.-Helena-Kirche, die romantische Grotte, das Schweizerhaus sowie auf das Louisen- und das Helenen-Paulownen-Mausoleum.

Wenn man nach einem ausgedehnten Spaziergang durch den riesigen Schlosspark wieder zur Hauptfassade des Schlosses zurückkehrt, erblickt man in nicht unbeträchtlicher Entfernung einen tempelartigen Bau, der an eine griechische Villa erinnert. In Wirklichkeit verbirgt sich aber hinter den Säulen dieses ebenfalls vom Baumeister J. J. Busch errichteten Monumentalbaus die Stadtkirche. Zudem wird die Tempelfront durch überlebensgroße Evangelistenfiguren bekrönt. Im Innern des Gottes-

Die 500 Meter südlich des Schlosses gelegene und mit diesem durch eine Abfolge von Hofplätzen verbundene Hofkirche (heute Stadtkirche) wurde 1770 fertig gestellt. Der Portikus mit seiner toskanischen Säulenhalle wird von Sandsteinfiguren der vier Evangelisten bekrönt.

hauses fällt der Blick auf ein Riesengemälde, das den erhöht liegenden Altar schmückt.

Erst nachdem die herrschaftlichen Gebäude und die Kirche errichtet waren, entstand nach und nach die Stadtanlage. Nach gut durchdachten Plänen wurde Straße für Straße, Haus für Haus gebaut und so ein Stadtbild geschaffen, dessen klare Struktur noch heute fasziniert. Ludwigslust gilt als die am besten erhaltene Stadtanlage im Norden Deutschlands. Besonders sehenswert ist die großzügige Schlossstraße mit ihren roten Backsteinbauten.

Ludwigslust hat durch zahlreiche klassische Konzerte sowie andere Veranstaltungen überregional einen guten Namen.

Sollten Sie noch weiter auf Entdeckungstour gehen wollen, dann bieten sich in der Umgebung von Ludwigslust eine ganze Anzahl von lohnenden Zielen an. Zwei davon möchten wir Ihnen vorstellen:

Die größte Festung Mecklenburgs wurde 1559 bis 1565 in Dömitz errichtet, um die Elbübergänge des Landes zu sichern. Heute wird das fünfeckige Ensemble als Museum genutzt.

Die **Mahn- und Gedenkstätte Wöbbelin** erinnert an den Dichter, Sänger und Patrioten Theodor Körner, der hier 1813 seine letzte Ruhe fand und dessen Wirken in den Befreiungskriegen in einer ständigen Ausstellung gezeigt wird – in der aber auch über das ganz in der Nähe liegende ehemalige Konzentrationslager, das ein Außenlager des Hamburger KZ Neuengamme war, informiert wird.

Im **Museum Dömitz** im gleichnamigen Ort an der Elbe wird die historische Entwicklung der Stadt vom 17. Jahrhundert bis in die Gegenwart ebenso dokumentiert wie die Bedeutung der Elbschifffahrt. Im „Pulverkeller" erhält man einen Einblick in die rund 750-jährige Geschichte der Festung, und im Turm befindet sich die Fritz-Reuter-Gedenkhalle. Hier kann sich der interessierte Besucher ausführlich über Leben und Werk des großen mecklenburgischen Dichters informieren.

Das unbekannte Hamburg
Entdecken Sie die Schönheiten
und Geheimnisse der Stadt
Joachim Buttler

144 Seiten, 78 Abbildungen,
11 Karten
Klappenbroschur
ISBN 978-3-8319-0313-9

Es gibt vieles in einer Stadt, an dem man regelmäßig vorbeiläuft, ohne davon Notiz zu nehmen. Gerade auch eingefleischte Hanseaten sagen mir bei Führungen durch ihnen bekannte Stadtteile immer wieder, das hätten sie noch nie gesehen. Dieses Buch möchte Ihnen in acht Rundgängen den Blick schärfen, um die Lust an Kunst und Architektur der Hansestadt neu zu wecken – nicht nur bei den Highlights, sondern auch bei den „kleinen" Schönheiten, die Hamburg zu bieten hat.

Mit diesem Buch lernen Sie Hamburg aus neuen Blickwinkeln kennen: Der Autor entführt Sie auf Stadtrundgänge abseits der ausgetretenen Touristenpfade. Entdecken Sie das alte und junge Hamburg neu!

Hamburg
Der besondere Stadtführer
111 Klassiker und Geheimtipps

256 Seiten, 145 Abbildungen,
14 Karten
Klappenbroschur
ISBN 978-3-8319-0452-5

Michel, Fischmarkt, Reeperbahn – mit dem besonderen Hamburg-Stadtführer gibt es auch an viel besuchten Touristenzielen noch neue Seiten und interessante Details zu entdecken. Informative und amüsante Geschichten führen zu 111 Plätzen an Alster, Bille und Elbe, von Blankenese bis Bergedorf, von Wohldorf-Ohlstedt bis Wilhelmsburg. Für jeden Geschmack und jedes Wetter sind Ideen für einen schönen Tag in der Hansestadt dabei. Stellen Sie sich selbst Ihr Programm zusammen: mit der Fähre auf der Elbe schippern, nachts auf den Michelturm klettern, in Bunkerwelten hinabsteigen, paddelnd die Alsterkanäle erkunden, die Szeneviertel erleben ...

Der Ellert & Richter Verlag steht für informative und attraktive Hamburg-Bücher. Das Redaktionsteam und der Fotograf Michael Zapf haben für dieses Buch ihre Hamburger Lieblingsorte erkundet. Sie alle leben und arbeiten in der Stadt, die für sie die schönste der Welt ist.

Schleswig-Holstein
Die schönsten Radtouren

Hans-Dieter Reinke
Daniel Hugenbusch
David Hugenbusch

240 Seiten mit 163 Abbildungen,
30 Karten
Klappenbroschur
ISBN 978-3-8319-0465-5

Zwischen den beiden Meeren, der Nord- und Ostsee, liegt eine der beliebtesten und abwechslungsreichsten Ferienregionen Deutschlands: Schleswig-Holstein. Das vorliegende Reisebuch beinhaltet eine Auswahl von 30 ausgearbeiteten Radtouren, die über das ganze Land verteilt die gesamte Vielfalt der Landschaften und regionalen Besonderheiten abbilden. Mit vielen Hinweisen auf Museen, Ausstellungen, prächtige Herrenhäuser, alte Windmühlen, archäologische Denkmäler und andere Sehenswürdigkeiten lernt der Radfahrer auf seinen Touren dieses schöne Land kennen. Karten der Rundtouren, fotografische Eindrücke und Adressangaben sowie Tipps von A-Z runden diesen handlichen Reiseführer ab.

Bildnachweis

Der Verlag dankt allen, die uns für dieses Buch Bild- und Kartenmaterial zur Verfügung gestellt haben:

Regionalpark Wedeler Au e. V., Unterelbe Tourismus e. V., Holsteiner Auenland e. V., Tourismusbüro Bad Bramstedt, Glückstadt Destination Management GmbH, Tourismus-Service Friedrichskoog, Tourismus Marketing Service Büsum GmbH / Oliver Franke, Stadtmarketing Bad Oldesloe, Tourismusmanagement Storman, Stadtmarketing Bad Segeberg, Kirchenkreis Plön – Segeberg, Wildpark Eekholt, Herzogtum Lauenburg Marketing und Service GmbH, Kurverwaltung Mölln, STADE Tourismus-GmbH, Tourismusverband Landkreis Stade / Elbe e. V., Otterndorf Marketing GmbH, MoorInformationsZentrum (MoorIZ), Touristikverband Landkreis Rotenburg (Wümme) e. V. (TouROW), Regionalpark Rosengarten, Schneverdingen Touristik, Naturpark Lüneburger Heide, Heide Region Uelzen e. V., Elbtalaue-Wendland Touristik GmbH, Förderverein Wendland-Rundweg e. V., Tourismusverband Mecklenburg-Schwerin e. V.

Darüber hinaus wurde uns Foto- oder Kartenmaterial zur Verfügung gestellt von:

Elisabeth J. Herrmann, Haselau (S. 18, 19, 20, 21), Maritime Photographie Wolfgang K. Reich, Wedel (S. 23), Dennis Herbst (S. 28), Peter Steenbuck, Barmstedt (S. 29), Jann Roolfs (S. 35 u.), Seehundstation Friedrichskoog / Rosenberger (S. 40), Sturmflutenwelt „Blanker Hans“ im Nordseeheilbad Büsum (S. 43), Fotolia (S. 49, 87, 151, 174, 177, 179, 181), Kloster Nütschau (S. 55), Petra Hübner, Bargteheide (S. 57), zeitpunkte medien (S. 60), Bildmaterial SH (S. 65 o. u., S. 66, S. 67), Michael Zapf, Hamburg (S. 75, 76, 78, 79, 80, 81), Erlebnisbahn Ratzeburg GmbH (S. 85), Garten der Schmetterlinge, Friedrichsruh / 3mmedia M. Manske (S. 93), Niteshift, Wikipedia (S. 100), RB-DESKKART – Ralf Brennemann, Hamburg (S. 105), Helfried Weyer, Buxtehude (S. 109), Bildagentur Huber, Garmisch-Partenkirchen (S. 111), Tourismusverband Landkreis Stade / Elbe e. V. – Agit und Lohmann (S. 113, 115), RaBoe / Wikipedia (S. 121), Natureum Niederelbe und Elbe-Küsten-Park (S. 122), Michael Johnen (S. 133), Bernd Otten (134), U. Fischer – TouROW (S. 150), Wildpark Schwarze Berge (S. 155), Freilichtmuseum am Kiekeberg (S. 156), Thomas Wilken (S. 157), Kunststätte Bossard / Michael Chmella (S. 161), Barfußpark Egestorf, Jan Peters (S. 167), Weltvogelpark Walsrode (S. 168, 169), www.redeleitundjunker.de (S. 175), Hans-Joachim Boldt, Lüneburg (S. 182), Verkehrsverein Scharnebeck e. V. (S. 183), Biosphaerium Elbtalaue GmbH (S. 184, 185), Torsten Bätge / Wikipedia (S. 191), LEWITZ Information (S. 199), Jagdschloss Friedrichsmoor, Familie Stang (S. 198), Georg Jung, Hamburg (S. 203).

Titelabbildungen vorne (von links nach rechts, von oben nach unten): Elbwiesen, Altes Land (Bildagentur Huber, Garmisch-Partenkirchen), Prunkpforte mit Altländer Hof (Bildagentur Huber, Garmisch-Partenkirchen), Till-Eulenspiegel-Statue in Mölln (Edwin Süselbeck, Mölln), Naturpark Lüneburger Heide (Fotolia).

Titelabbildungen hinten (von links nach rechts, von oben nach unten): Moorbahn im Hochmoor Landkreis Cuxhaven (MoorInformations-Zentrum), Kanufahrt auf der Wümme (TouROW), Seehunde (Seehundstation Friedrichskoog), Flugschau der Falknerei Thomas Wamser (Wildpark Schwarze Berge).

Trotz aller Bemühungen ist es uns bei einigen Bildern nicht gelungen, die Urheberrechtsverwalter zu ermitteln. Wir bitten diese, sich gegebenenfalls mit uns in Verbindung zu setzen.

Impressum

Bibliografische Information der Deutschen Nationalbibliothek
Die Deutsche Nationalbibliothek verzeichnet diese Publikation in der Deutschen Nationalbibliografie; detaillierte bibliografische Daten sind im Internet über http://dnb.d-nb.de abrufbar.

ISBN 978-3-8319-0451-8

Redaktion:
Claudia Schneider, Hamburg
Gestaltung: Büro Brückner + Partner, Bremen
Lithografie: SMS Scheer Medien Service GmbH, Bremen
Kartografie: THAMM Publishing & Service, Bosau
Gesamtherstellung:
CPI books GmbH, Leck

www.ellert-richter.de

Alle Angaben in diesem Reiseführer sind gewissenhaft geprüft. Preise, Öffnungszeiten etc. können sich aber schnell ändern. Daher können Autoren und Verlag keine Gewähr für die Richtigkeit übernehmen.

Für Anregungen, Berichtigungen und Ergänzungsvorschläge sind wir dankbar. Bitte senden Sie diese an:

Ellert & Richter Verlag
Große Brunnenstraße 116
22763 Hamburg

Per Fax: 0 40/39 84 77 23
Per E-Mail:
info@ellert-richter.de